科技自立自强与高校科技治理

蔡劲松 等 著

SELF-RELIANCE AND
SELF-IMPROVEMENT IN SCIENCE AND
TECHNOLOGY & GOVERNANCE OVER SCIENCE
AND TECHNOLOGY IN UNIVERSITIES

人民出版社

责任编辑：陆丽云

封面设计：汪 莹

图书在版编目（CIP）数据

科技自立自强与高校科技治理/蔡劲松 等 著.—北京：人民出版社，
2023.3

ISBN 978 - 7 - 01 - 025270 - 4

I.①科… II.①蔡… III.①高等学校 - 科研管理 - 研究 - 中国
IV.① G644

中国版本图书馆 CIP 数据核字（2022）第 218328 号

科技自立自强与高校科技治理

KEJI ZILI ZIQIANG YU GAOXIAO KEJI ZHILI

蔡劲松 等 著

人民出版社 出版发行

（100706 北京市东城区隆福寺街 99 号）

北京盛通印刷股份有限公司印刷 新华书店经销

2023 年 3 月第 1 版 2023 年 3 月北京第 1 次印刷
开本：880 毫米 ×1230 毫米 1/32 印张：7.5
字数：150 千字

ISBN 978 - 7 - 01 - 025270 - 4 定价：68.00 元

邮购地址 100706 北京市东城区隆福寺街 99 号
人民东方图书销售中心 电话（010）65250042 65289539

目　录

第一章

科技自立自强与高校科技创新

第一节　以科技自立自强支撑国家重大战略需求

党的二十大对加快实现高水平科技自立自强作出部署，强调必须坚持科技是第一生产力、人才是第一资源、创新是第一动力，深入实施科教兴国战略、人才强国战略、创新驱动发展战略，开辟发展新领域新赛道，不断塑造发展新动能新优势。当前，科技创新在国家战略发展中的基础性、引领性作用更加凸显，提升科技自立自强能力、建设科技强国，关系到全面建设社会主义现代化强国的远景目标能否顺利实现，并与中华民族的前途和人类命运共同体的构建紧密相连。这就要求我们必须坚持系统观念，深刻认识理解科技自立自强的内涵，遵循科技创新特别是关键科技领域创新的内在逻辑，在统筹发展和安全中不断壮大国家战略科技力量，以科技自立自强能力支撑国家重大战略需求。[1]

---

[1]　参见蔡劲松：《以科技自立自强支撑国家重大战略需求》，《国家治理周刊》2021 年第 3—4 期。

一、坚持系统观念，深刻把握科技自立自强内涵

党的十九届五中全会把坚持系统观念作为"十四五"时期必须坚持的重要原则，强调要加强前瞻性思考、全局性谋划、战略性布局、整体性推进。系统观念是基于系统科学的理念体系，包括对于事物或对象的整体与局部、全局与子集、层次与关系等的基本认知，及其相互关联、相互影响与相互作用的认识论、方法论集合。我们面对的客观世界是一个复杂的巨构系统，全球创新体系及其紧密关联的现实世界亦如此。在科技领域，以实施科技创新和体制机制创新"双轮驱动"为重要路径，科技实力逐步实现了从量的积累向质的飞跃，以及系统能力提升的转变。当前，在深刻理解创新，尤其科技创新是一个复杂系统的基础上，认识和把握科技自立自强的内涵，具有十分重要的意义。

首先，"自立"是科技自立自强的核心，主要表现为国家意志在科技创新领域的战略谋划布局与政策导向等，具有恒久性、主动性等特征，是增强国家科技实力的前提和保障；其次，"自强"是科技自立自强的关键，主要表现为国家战略科技力量支撑创新性国家建设和社会进步发展的能力，具有驱动性、引领性等特征，是增强国家科技实力的路径和表征。"无立不强"，"自立"是"自强"的基础，"自强"夯实了"自立"的根基，二者紧密相连、互为因果，相互依

存、相互促进。在此意义上，科技自立自强是建设现代化国家的根本诉求，是以科技创新主动赢得国家发展主动的必然要求和战略选择，推动实现科技高质量发展在结构、规模、体系、效率、安全等方面的高度统一。

在这个意义上，科技自立自强可看作一个"锥体场域"创新系统，该系统场域由二轴相交的"圆规"立体擘画。其中，"圆规"的立轴即"自立"轴，代表国家科技创新体系的制度政策根基、体制机制基础、创新平台保障等，集中反映为科技自主创新内在的源动力；"圆规"的转轴即"自强"轴，代表国家科技创新体系的战略需求牵引、基础前沿探索、关键领域突破等，集中反映为科技自主创新强大的驱动力。两轴向上的交汇点是国家意志承载的战略使命与政策传导，向下"绘制"的时空图景构成科技领域的创新场域，依托有效的科技治理体系与运行机制，促进其创新势能扩散，进而发挥整个科技自立自强"锥体场域"创新系统效能，实现其支撑现代化国家建设发展的战略价值。

二、坚持创新逻辑，不断强化国家战略科技力量

创新本质上是在人类实践基础上产生的新规律、新理论、新技术、新成果，作为联结人与自然、社会的特殊中介，创新更是社会发展和变革的先导，是推动社会进步的强

大动力。① 就科技创新而言，尽管主要解决的是某个具体领域的问题，但由于社会联系的普遍性及广泛性，科技创新的结果往往聚合为一种潜在的创新场，进而对社会系统产生深远影响乃至形成巨大的驱动"势能"。

党的十九届五中全会对我国科技发展作出了一个十分重要的研判，即当前创新能力还不适应高质量发展要求。这就需要深刻把握创新逻辑，充分遵循科技创新的发展规律，正确认识国际环境纷繁复杂变化和科技文明进步的时代轨迹，在强化国家战略科技力量、提升企业技术创新能力、激发人才创新活力、完善科技创新体制机制等方面，尽快作出科学有效的整体部署和战略安排。

近年来，我国在信息、空间、生物、能源、海洋、材料等关键领域和关键环节取得了一系列重大突破。我国科技创新和关键科技领域安全还亟须应对"卡脖子"问题、科技治理效能不高、国际科技合作环境恶化等多重挑战。从科技发展的进程看，实现科技自立自强、促进科技高质量发展，是一项复杂的体系系统工程。其中，强化国家战略科技力量，不仅是科技自立自强的时代要求，也是国家战略发展的内在需要，同时也是抓住新科技革命机遇、促进世界科技发展和文明进步的必然要求。

---

① 参见蔡劲松:《论创新及其本质》,《中国特色社会主义研究》2005 年第 3 期。

强化国家战略科技力量，首先，应聚焦"国家战略、关键领域、基础创新"，充分发挥我国制度优势，优化完善科技创新顶层设计，构建国家层面"统一领导、灵敏高效、协调联动、运行顺畅"的科技治理体制机制；其次，要着力打造国家战略科技创新平台，集合优势资源、整合精锐力量，重点建设一批聚焦关键科技领域基础创新和前沿交叉的基础性科研设施，加快各类国家级重点实验室建设和模式创新；最后，要持之以恒重视基础研究，着力推进"卡脖子"问题取得重大突破，研究制定关键科技领域重点突破计划，实现我国关键科技领域从跟跑向并行、领跑的战略性转变，产出更多具有国际领先水平的创新成果。

三、坚持统筹战略，着力提升科技自立自强能力

习近平总书记强调："科技领域安全是国家安全的重要组成部分。"① 在推进国家治理体系与治理能力现代化的大背景下，复杂的国际局势和当代科技面临的颠覆性、剧变式发展趋势，要求我们必须加强统筹科技创新发展及科技安全治理。早在 2012 年，美国国家情报委员会曾发布《2030 年全球趋势：不一样的世界》报告，全面分析了到 2030 年影响全球格局变革的重要因素，认为美中关系或是决定全球未来

① 《习近平谈治国理政》第三卷，外文出版社 2020 年版，第 221 页。

的最重要双边关系。同时，报告将科技创新作为影响世界发展趋势的重要变量，这使得科技自立自强在我国未来发展中的战略性支撑地位更加凸显。

统筹科技领域发展和安全是落实总体国家安全观的题中应有之义，是支撑国家安全体系的重要技术基础，是促进创新型国家建设的战略基石。新时代背景下，提升科技自立自强能力与统筹科技领域发展和安全是相辅相成的。首先，应坚持科技"自主创新和安全治理"相结合、"底线思维和预警防范"相结合、"前瞻部署和重点突破"相结合的原则，促进科技自立自强能力不断提升；其次，应着力实施科技自立自强能力提升计划，建立国家科技创新与安全监测平台，在增强自主创新能力的同时加强科技安全危机应对，试点建立"科技安全监测预警平台"，对关键领域、关键技术、重点机构采取重点精准防护策略，对关键科技领域安全进行跟踪监测、风险评估和安全预警，并完善安全预警与科技创新、危机应对的衔接机制，拓展科技合作及安全危机处置的国际渠道；最后，要强化责任意识，把握科技传播的中国话语权和国际影响，明确科研主体的科技传播安全责任，确保科技传播安全，对泄密或严重浮夸的失实报道依法追究责任，同时应实施人才保障计划，重点培育科技"自主创新＋安全治理"复合型人才，营造激励科技创新与安全治理发展的良好环境。

总之，科技自立自强作为国家发展的战略支撑，可看作一个"锥体场域"创新系统，由"自立""自强"二轴相交的"圆规"立体擘画。两轴向上的交汇点是国家意志承载的战略使命与政策传导，向下"绘制"的时空图景构成科技领域的创新场域，依托有效的科技治理体系与运行机制，促进其创新势能扩散。以科技自立自强支撑国家重大战略需求，必须坚持系统观念，坚持创新逻辑，坚持统筹发展和安全。

第二节　创新驱动科技强国建设的根本要求

2021 年召开的十三届全国人大四次会议，审议通过了《中华人民共和国国民经济和社会发展第十四个五年规划和 2035 年远景目标纲要》。纲要以党的十九届五中全会精神为遵循，在第二篇"坚持创新驱动发展　全面塑造发展新优势"部分，用 4 章 13 节的篇幅浓墨重彩地突出强调创新在我国现代化建设全局中的核心地位，就坚持"四个面向"、实施"三个战略"、完善"一个体系"，以科技自立自强支撑和加快科技强国建设进行了系统擘画部署。在"十四五"开局起步的关键时期，准确研判世界政治、经济及科技发展的未来场景与趋势，深刻把握创新驱动科技发展的内涵与要素，对于科技领域构建新发展格局、塑造新发展优势，加快推进科技强国建设步伐，具有十分重要的意义。因此，以创新驱动科技强国建设，根本上必须牢牢把握如下三个方面。①

一、全面融入世界科技格局与未来科技场景

纵观历史上世界科技强国崛起的时代背景，近五百年来，意大利、英国、法国、德国、美国、日本等发达国家顺应全球科技发展趋势，抓住历次科技革命的重大机遇，凭借科技创新、技术转化和制度创新设计等的互动协同，逐步增强本国科技实力和综合国力。21 世纪以来，新一轮科技革命和产业变革深入演化，全球科技创新空前活跃密集，同时世界政治经济格局在剧变中正面临纷繁复杂的不确定性和利益、伦理等多重挑战，这些深刻改变了人类科技发展格局、创新版图与未来场景。习近平总书记指出："信息、生命、制造、能源、空间、海洋等的原创突破为前沿技术、颠覆性技术提供了更多创新源泉……科学技术从来没有像今天这样深刻影响着国家前途命运，从来没有像今天这样深刻影响着人民生活福祉。"② 因此，新时代科技强国建设具有与时俱进的新意涵，亟须落实创新驱动发展理念，要求我们从历史视野、世界格局、科技前沿和未来场景切入，系统剖析科技强国建设所依赖的创新基础、环境条件、科技要素以及体系支

---

① 参见蔡劲松：《以创新驱动科技强国建设》，《中国社会科学报》2021 年 4 月 20 日。

② 《十九大以来重要文献选编》（上），中央文献出版社 2019 年版，第 461 页。

撑等关键环节，正视我国科技创新领域与发达国家的差距，紧紧抓住千载难逢的历史机遇，加快把我国建成世界主要科学中心和创新高地，不断提高科技创新效能及科技成果供给能力。

二、强化科技创新的国家意志与战略力量

"十三五"期间，我国科技创新能力、资源配置和体制机制等方面都取得了长足进展，尤其是研发投入强度从2.06%增长到2.23%，科技进步贡献率接近60%，世界知识产权组织（WIPO）评估我国全球创新指数排名从第29位升至第14位，国家整体创新能力大幅提升。但是，当前我国科技领域仍然面临着基础科学研究相对薄弱、关键领域技术瓶颈制约日益突出、技术转移和创新链构建整体效能不高、科技创新体系建设和治理能力支撑科技强国的需要明显不足等诸多问题。"十四五"时期，科技创新能力必须适应高质量发展要求，才能真正掌握科技竞争和未来发展的主动权。这就要求我们进一步强化创新驱动发展战略的国家意志和时代使命，在事关世界科技前沿、国家战略全局和未来发展的重大创新领域，将我国集中力量办大事的独特制度优势，转化为科技创新的显著优势和实践路径。要科学制定科技强国行动计划，通过整合优化科技资源配置、加强原创性引领性科技攻关、持之以恒加强基础研究、建设重大科技创

新平台，切实强化国家战略科技力量，不断增强国家创新链的整体效能，将科技自立自强贯穿于国家科技发展的各个层面，使国家战略科技力量真正成为推进科技强国建设的本质内涵与核心特征。

三、着力提升国家科技创新治理体系效能

2016 年 5 月，习近平总书记在题为《为建设世界科技强国而奋斗》的重要讲话中提出了"科技创新、制度创新要协同发挥作用"等重要论断。[①] 建设世界科技强国，比以往任何时候都更加需要构建科学高效的国家科技创新治理体系，都更加需要发挥科技创新治理的体系驱动、机制引导、政策传导、平台支撑和人才动力。这就要求我们聚焦创新驱动发展的战略目标，不断完善国家科技创新治理体系，统筹科技领域发展和安全，坚持科技创新与体制机制创新"双轮驱动"深入推进科技体制改革适应建设世界科技强国的需要，推动科技领域的重大政策举措和决策部署落实落地落细。要注重科技治理层面宏观、中观、微观的战略统筹和形成合力，不懈探索科技领域创新改革试验，营造开放包容的科技创新文化生态，构建完善激发科技人才创新创造活力的

---

① 习近平：《为建设世界科技强国而奋斗——在全国科技创新大会、两院院士大会、中国科协第九次全国代表大会上的讲话》，《科协论坛》2016 年第 6 期。

激励机制，促进科技创新政策与经济产业、教育创新政策等的有效衔接，提升政策运转效率及其扩散效能。要更加主动融入全球科技创新网络，以更宽更深的视野谋划和促进全球科技开放合作，不断增强我国科技创新的国际影响和辐射能力。要充分发挥国家科技创新治理体系在百年未有之大变局中的突出作用，以中国特色的科技强国建设战略导向、路径设计、体系机制和政策举措，为全面建成社会主义现代化强国注入科技自立自强的强劲动力。

第三节　在统筹发展和安全中推进科技自立自强

2022 年 6 月 28 日，习近平总书记在湖北武汉考察时，特别强调"科技自立自强是国家强盛之基、安全之要"，必须"把科技的命脉牢牢掌握在自己手中，在科技自立自强上取得更大进展，不断提升我国发展独立性、自主性、安全性"。① 为此，统筹科技领域发展和安全，不仅是推进科技自立自强、建设科技强国的基本遵循，而且是把国家发展建立在更加安全、更为可靠基础之上的根本性保障。科技领域"发展"和"安全"作为一对辩证的范畴，是科技创新驱动之双轮、科技治理一体之两翼，需要我们从"创新发展"和

---

① 《习近平在湖北武汉考察时强调　把科技的命脉牢牢掌握在自己手中　不断提升我国发展独立性自主性安全性》，《人民日报》2022 年 6 月 30 日。

"维护安全"两个维度加以充分理解和把握。

一、贯彻落实总体国家安全观的内在要求

党的十八大以来，世界多极化、经济全球化等加速发展，人类面临的非传统安全问题层出不穷。这需要我们准确把握国际国内安全形势变化新特点新趋势，坚持总体国家安全观，走出一条中国特色国家安全道路。加强科技自主创新、维护科技安全、增强科技自立自强能力，为国家安全发展提供强大的科技支撑，将成为新时代科技工作的重大任务。统筹科技领域发展和安全，是落实总体国家安全观的必然要求，具有十分深远的战略意义。

其一，科技安全是国家安全体系的重要组成部分。总体国家安全观强调科技领域安全是国家安全的重要组成部分，是支撑和保障其他领域安全的力量源泉和逻辑起点。面对"十四五"时期新发展阶段、新发展理念和新发展格局，我国推动新型工业化、信息化、城镇化、农业现代化和绿色化同步发展，经济建设、政治建设、文化建设、社会建设、生态文明建设"五位一体"总体布局和社会和谐稳定的任务十分繁重，科技自立自强和支撑引领作用更加凸显，科技安全已经成为直接影响国家安全的重要因素，与其他领域的安全共同构成国家安全体系。从国家安全的角度和底线思维来看，必须切实维护好科技安全，尤其亟待统筹和加强信息、

能源、材料、空间、海洋、生物等关键科技领域的自主创新与安全。

其二，关键科技领域对国家安全产生不可预测的风险。新一轮科技革命和产业变革加速演进，多学科、多领域交叉融合不断加深，科技创新的渗透性、扩散性、颠覆性特征正在深刻改变人类社会的生产生活方式，重塑经济社会发展方式。如人工智能、基因编辑等技术对社会伦理产生极大冲击，全球新冠肺炎疫情暴发对生物安全提出了更加紧迫的要求，区块链、大数据、云计算等对信息网络安全、金融安全带来了极大挑战，技术滥用和谬用对社会公共利益和国家安全构成潜在威胁，政府、社会治理面临严峻挑战。在新科技持续发展及其应用场景不断扩展的背景下，关键科技领域已成为社会各领域稳定运行的内核及基础，也成为外部势力力图控制、制约和破坏的重点对象，科技安全特别是关键科技领域安全，在国家安全体系中面临比以往更加突出的"底线式"风险，亟待重点防范和化解。

其三，国家总体安全需要科技体系的技术支撑保障。科技体系是国民经济和社会发展大系统的一个子系统，这个子系统不仅与其他的子系统联系密切，更为重要的是，科技体系作为促进国家高质量发展的核心力量，亦是维护国家安全不可或缺的技术支撑与保障手段。必须不断构建现代科技体系，完善科技治理能力，在加快实现科技自立自强中，提升应对各种风险挑战的能力，尤其是从整个国家安全乃至国民经济和社会发展的大系统出发，考察科技体系自身及各种内、外因素的制约性影响，才能在危机中孕育先机，开辟一条以科技创新和现代治理支撑保障国家安全发展的新路，充分发挥科技系统及其安全对国民经济与社会发展不可替代的促进作用。

二、强化国家战略科技力量的关键环节

党的二十大强调，完善科技创新体系，坚持创新在我国现代化建设全局中的核心地位。近年来，习近平总书记多次强调要强化国家战略科技力量，形成代表国家水平、国际同行认可、在国际上拥有话语权的科技创新实力，成为抢占国际科技制高点的重要战略创新力量。应当看到，当前我国科技领域面临着"卡脖子"问题、科技治理效能问题以及国际科技环境持续恶化等多重挑战。世界科技发展的实践告诉我们，一个国家只有拥有强大的自主创新能力，建立起强大的国家战略科技力量，才能在激烈的国际竞争中把握先机、赢得主动，才能真正科技创新与安全统筹发展。

其一，加快国家科技组织模式创新。"十三五"以来，我国着力推进科技自主创新和科技治理体制机制创新，全社会科技研发投入超过欧盟 15 个发达经济体的平均水平，我国创新能力综合排名提升了 15 位，科技实力初步实现了从

量变到质变、从个别突破到系统能力提升的转变，不断增强的科技创新核心竞争力为经济社会发展和国家安全发展提供了有力保障。但近年来，美国等西方发达国家对我国科技发展采取了苛刻严厉的系统性限制措施，引发一系列关涉科技领域发展和安全的重大问题。党的十九届五中全会把科技创新摆在了前所未有的战略高度，对加快科技自立自强作出了重大部署。面对这一新的战略擘画，必须看到当前我国科技创新治理体制机制存在的问题和不足，尤其需要在围绕国家重大需求、强化战略科技力量方面，应加紧布局、加强统筹，着力加快推进国家科技组织模式创新，形成需求牵引、基础夯实、关键带动、体系完善的国家科技创新模式和治理体系。

其二，加快基础研究和关键核心技术攻关。基础领域和关键科技领先，是衡量世界科技强国的主要指标。实现"两个一百年"奋斗目标、建设世界科技强国，必须统筹发展与安全，坚定不移实施创新驱动发展战略，聚焦基础领域、重大需求和关键核心技术突破，牢牢把握科技发展和安全的主动权。在全球科技和产业变革的大背景下，应坚持系统观念和创新思维，重点聚焦数理基础智能、信息材料能源、生命生物科学、空天深地深海等前沿交叉领域，组织实施一批具有基础性、前瞻性、战略性的国家级重大攻关项目，促进项目、基地、人才、资源协同联动，在关键领域、"卡脖子"

的地方下大功夫，力争实现前瞻性基础研究、引领性和颠覆性原创成果的重大突破，为全面深入推进世界科技强国建设奠定坚实基础。

其三，加快构建科技创新与转化的制度环境。国际经验告诉我们，那些抓住科技革命机遇成为世界强国的国家，都是在科技创新特别是关键科技领域处于领先行列的国家。为此，必须对症下药，加快构建科技创新与转化的制度与文化环境，凝聚全社会对于科技自立自强支撑科技强国建设的强大共识。只有不断完善科技创新制度体系，促进科技治理体系和治理能力现代化，才能不断增强自主创新能力，维护我国科技领域发展的安全状态，实现以科技创新为内核的全面创新，进而推动科技强国建设的顺利实施。

三、增强科技自立自强能力的核心原则

当今世界，科技创新是应对百年未有之大变局的关键变量。党的十九届五中全会对我国科技领域作出了"创新能力不适应高质量发展要求"的基本研判，突出强调要"把科技自立自强作为国家发展的战略支撑"。因此，不断增强科技自立自强的战略支撑能力，是统筹科技发展和安全的核心问题和根本目的，也是建设科技强国、加快社会主义现代化国家建设步伐的急迫需要，必须坚持做到"三个结合"。

其一，坚持"自主创新和安全治理"相结合。自主创新

是科技安全发展的前提和基础，通过促进和强化自主创新，以创新发展来保障安全；科技安全不是绝对和独立的安全，是一项包括管理体系、法律制度、能力提升、多元融合、人才支撑等多种要素，涵盖战略思想、战略目标和战略措施的系统工程。

其二，坚持"底线思维和预警防范"相结合。维护科技领域安全既要有底线思维，强化和提升危机应对能力；又要健全世界范围内的科技安全跟踪、监测、风险评估和安全预警机制，积极主动、预防为主，做好关键科技领域的预警防范工作。

其三，坚持"前瞻部署和重点突破"相结合。科技领域既要聚焦国家长远的重大战略需求，进行超前谋划、前瞻部署，在前沿交叉领域促进创新、把握机遇；也要关注当前迫切需要解决的"卡脖子"问题，补短板、防风险、强弱项，充分发挥中国特色社会主义能集中力量办大事的制度优势，实现关键科技领域的重点突破。

新时代背景下，科学技术的发展水平对社会生产和经济活动的影响与促进，科技创新及其安全发展，深刻反映着一个国家的现代化程度，也是国家综合实力的关键性指标。为此，必须不断夯实科技自立自强的战略支撑地位，坚持统筹科技领域发展与安全，既为科技强国建设提供强大的基础，又在促进科技自身安全的同时，牢牢把握科技的命脉，以科技自立自强的高质量成果保障创新型国家建设，不断提升我国发展的独立性、自主性、安全性能力与水平。

第四节　发挥高校在国家科技自立自强体系中的作用

习近平总书记在庆祝中国共产党成立 100 周年大会上发表的重要讲话中，全面回顾总结了党的百年奋斗历程和取得的伟大成就，指明了全面建设社会主义现代化国家、实现中华民族伟大复兴的战略目标和发展方向。"七一"讲话特别强调，新的征程上，必须"立足新发展阶段，完整、准确、全面贯彻新发展理念，构建新发展格局，推动高质量发展，推进科技自立自强"，[①] 进一步强化了党的十九届五中全会提出的坚持创新在我国现代化建设全局中的核心地位，把科技自立自强作为国家发展的战略支撑的地位和作用。这些重要论断，丰富和深化了对科技创新规律的认识，将科技自立自强的重要性提升到新的历史高度，为加快建设科技强国提供了指导和遵循。

一、高校科技创新支撑科技自立自强的历史必然

改革开放以来，高校的科技创新活动与国家科技、经济

---

① 习近平:《在庆祝中国共产党成立 100 周年大会上的讲话》，人民出版社2021 年版，第 14 页。

发展战略的改革大环境相适应，经历了几个不同的改革与发展阶段。在此过程中，高校科技创新始终服务于国家战略需求，在国家创新体系中的作用日益凸显。

其一，改革开放与高校"双中心"的确立。高校创新与改革开放战略具有双向促进作用。改革开放恢复、确立了高校在创新活动中的核心作用，国家对高校的经费投入大大增加；高校为改革开放提供了创新人才和知识产品，特别是高校招生恢复全国统一考试，长时间积压的人才喷涌而出。这个阶段逐步确立了"高等学校既是教育中心，又是科学研究中心"的基本定位。

其二，科教兴国战略与对高校科教创新提出新要求。科教兴国思想的理论基础是邓小平同志关于科学技术是第一生产力的思想，明确把科教发展作为发展经济、建设现代化强国的先导。这对高校人才培养和科研工作提出了新的更高的要求，即高校创新必须符合经济社会发展的实际需要。科教兴国战略把科技、教育进步作为经济和社会发展的强大动力，是确保国民经济持续、快速、健康发展，增强国际竞争力的根本措施。在这一阶段，高校在创新活动中的人才培养和研究地位得到进一步的加强和重视。

其三，国家创新体系中突出科技创新及高校创新的地位。进入 21 世纪以来，科技创新已成为国际竞争中成败的主导因素，面向知识经济时代的国家创新体系因此而成为必然。国家科技创新体系是以政府为主导、充分发挥市场配置资源的基础性作用、各类科技创新主体紧密联系和有效互动的社会系统。在这一阶段，我国基本形成了政府、企业、科研院所及高校等多主体协同的科技创新发展体系，高校成为国家科技创新体系中不可或缺的中坚力量。

当前，我们正处于新一轮科技革命和全球化竞争加剧的历史性交汇点，世界主要大国纷纷把争夺高新技术制高点上升为国家战略，使其成为一种有目的、有组织的政府行为，科技创新发展面临的未来场景日趋复杂。高校是人才第一资源和科学技术第一生产力的重要结合点，承担着在基础研究和前沿技术领域取得原创性突破、提升自主创新能力、服务国家经济社会发展的历史使命。在科技自立自强背景下，高校科技创新领域在强化战略科技力量建设、构建关键核心技术攻关机制、创建高水平创新队伍、建设高效协同的科技治理体系等方面，都面临着重大的机遇与挑战。

科技自立自强视域中，高校科技创新体系是一个能够自主创造、存储和转移关键及核心知识、技术或技能，支撑国家科技自立自强的复杂系统。高校科技创新的范畴主要涉及基于重大科学问题及重大设施的基础研究、面向国家战略需求的应用研究、交叉学科牵引下的前沿探索研究等方面，同时也包括一个高效能的高校科技治理支撑服务体系。整体看，高校科技治理的内核主要涉及三个方面：第一，高校科技创新协同治理的机制如何。即能否促进"政—产—学—研—用"在理念、机制和执行上的大力协同，着力解决制约高校科技创新的结构性、政策性、体制性矛盾与障碍。第二，如何积聚全球创新资源服务高校科技创新。在当下知识、人才、信息等创新要素和科技资源突破国家边界，加速在全球范围内流动和配置的背景下，能否抓住全球创新多极化趋势和机遇，吸收国外先进机制、人才、成果在国内的落地和应用。第三，如何创设有利于高校科技创新治理的政策环境与文化氛围。即能否树立正确的科研创新观、价值观，制定完善科学合理的科技创新激励及评价政策，加强高校科研伦理建设，探索构建有效的高校科技伦理治理体系，打造开放、包容、负责的科技创新环境。

二、突出高校在国家科技自立自强体系中的地位

我国高校作为国家创新体系的重要组成部分，一方面通过培养创新型人才为国家建设特别是世界科技强国建设提供人才支撑；另一方面，通过不断提升自身科技创新能力为科技自立自强、建设世界科技强国作出不可替代的贡献。世界范围内，对高校在一个国家科技竞争力中的核心地位和创新资源储备库的作用，早已形成共识。美、德、英、日等发达国家高校的科技创新长期处于引领位置，究其原因，主要在于这些国家都十分注重通过强化国家顶层战略设计保障高校

科技创新的绝对优势；重视在优化高校科技创新政策与治理体系中支持高水平科技创新团队建设，持续引育科技人才、汇聚融合创新智力资源；注重以高校科技创新成果的高效转化应用打造创新生态的良性循环；等等。

"十三五"以来，我国高校建设了60％以上的各类国家级重点实验室（科技创新平台），高水平创新成果集中涌现，近年来在国家科学技术奖励中高校获奖比例持续保持高位，成为我国知识生产、自主创新的重要策源地。但在取得显著科技创新成就的同时，我国高校科技创新与治理仍突出存在三方面的不适应和挑战：一是，科技治理从理念更新上为高校科技创新提供基础保障不足，需要从传统的科技"管理"转变为现代科技"治理"，不断拓展完善高校科技创新及其发展模式的新理念、新机制；二是，科技治理从制度体系上为高校科技创新提供支撑保障不足，亟待共同探索打造相互契合、互为动力的制度牵引与支持平台；三是，科技治理从实现路径上为高校科技创新提供建设保障不足，需要加快构建以知识、技术和治理创新一体化为内核的科技创新体系建设路径，最终实现创新机制目标、政策决策价值和建设路径保障的统一。

新时代背景下，我国高校应积极面向世界科技前沿、科技强国建设主战场、国家治理现代化重大需求，以科技治理效能激发高校自主创新动能为突破口，进一步发挥高校在国家科技自立自强体系中的支撑与示范带动作用，不断夯实高校作为国家战略性科技力量的基础性地位，一体推进高校科技创新能力和科技治理效能的高质量高水平发展。

三、以科技治理效能催生高校科技创新发展动能

在我国，高校已经成为知识生产、自主创新的重要策源地。新时代背景下，高校科技创新治理面临着新的形势和任务，应紧紧围绕国家重大需求和建设世界科技强国的战略目标，坚持科技创新和科技治理双轮驱动，不断推进高校科技治理体系和治理能力现代化，以科技治理效能催生高校科技创新发展动能①，为加快"双一流"大学和创新型国家建设提供强大科技力量支撑。

1. 正视"发展不平衡、制度不完备"等问题

"十三五"以来，我国高校以科技治理体系建设和治理能力提升为重要手段，围绕"双一流"建设的目标愿景，在推动学科交叉、产学研融合和关键核心科研成果产出等方面取得了重要进展，但仍面临诸多不适应和严峻挑战，存在不少问题和不足。比如，当前全球新冠肺炎疫情、复杂的国际局势以及当代科技发展态势，都对科技创新和科技治理提出了新要求。然而，从科技治理的视角看，高校科创领域在瞄

---

① 参见蔡劲松：《以治理效能催生高校科创发展动能》，《中国科学报》2020年10月27日。

准国家重大战略、攻克关键科技领域"卡脖子"、充分发挥学科科研创新优势等方面，还存在诸多问题。

与此同时，在政策支持的驱动力方面，目前政府、高校和产业行业层面有关高校科技创新的顶层设计、政策制度和管理规定方面还不尽完善，存在不少疏漏与空白地带，需要强化高校科技治理的顶层设计和制度体系构建，提升政府、高校、社会三者互动的科技创新综合治理效能。

然而，由于当前各级政府、高校关涉科技创新及科技治理领域的整体发展不平衡，尚未完全实现从传统科技计划管理到科技创新治理的模式转变，这就导致我国科技治理体系相对薄弱，缺乏战略顶层设计和统筹协调机制，影响了高校科技协同创新和更多原创性、前沿性、引领性的高水平科研成果产出。

2. 坚持以科技治理保障高校科技创新

当前，高校已成为我国创新体系的有机组成部分，新时代的发展也越来越依赖于高校科技创新和创新人才培养。而当前科技治理体系不完备的问题，也一定程度影响和制约着高校的科技创新和人才培养工作。

必须看到，近年来，我国高校对科技创新及其管理模式、制度体系的建构，正在逐步探索从一般意义上的"管理"到"治理"的转型与升级。对此，有学者提出高校科技治理"操作系统"的理念，即在一定规模系统结构下，有机集合人、财、物等资源，为高校运行和科技活动提供高效、稳定的支持。基于此，必须进一步提高站位，努力突破制约高校科技发展特别是自主创新管理的关键环节和治理瓶颈。在这个意义上，科技治理作为保障高校科技创新的重要前提，主要体现在如下三个方面。

其一，科技治理从理念更新上为高校科技创新提供基础保障。科技治理强调从"管理"到"治理"，突出的是权力系统顶层理念的主动性适应与转变。相对于传统的科技管理，科技治理更注重权益的重大性、公共性利益动态调整，强调政策、决策从自上而下到自下而上的反复迭代。只有这样，才能开拓高校科技创新及其发展模式的新理念、新机制，为科技创新提供基础保障。

其二，科技治理从制度体系上为高校科技创新提供支撑保障。高校科技创新是一个复杂的体系。科学有效的高校科技治理体系构建，有利于促进政府部门、社会创新组织、产业行业与高校系统之间机构、平台、人力、财力和信息等治理资源的联动，共同探索形成相互契合、互为动力的制度牵引与支持平台。

其三，科技治理从实现路径上为高校科技创新提供建设保障。高校科技治理利用现代管理制度和技术手段，围绕科技创新治理中的关键问题，构建了一条以知识、技术和治理创新一体化为内核的科技创新体系建设路径，特别是为解决科技创新瓶颈问题和取得关键科技领域突破提供解决方案，最终实现创新机制目标、政策决策价值和建设路径保障的统一。

3.积极探索创新高校科技治理新模式

推进高校科技治理及能力的根本，在于提升自主创新能力与水平。这不仅是高校科技治理的目标，也是国家科技治理体系的重要环节，以及促进高等教育治理现代化的必然要求。

作为独立的创新主体，在科技治理体系建设中，高校一方面应整合内部资源，完善科技治理能力，同时也应完善与外部的耦合作用，产生创新的协同效应。因此，高校科技治理的顶层制度设计，既需要遵循国家科技治理的基本逻辑和总体框架，也要适应"双一流"建设的内涵与规律，超越一般科技活动的边界。

在这方面，首先要在国家层面建立和完善高校科技创新的保障体制机制，实现多部门、多机构横纵协作和集约化科学决策与治理。同时，需要通过顶层规划，实现高校与社会各子系统的协调推动，从而在高校内外两个维度为强化重大基础研究、核心技术研发、科技成果转化提供有力的政策衔接服务。现代治理的关键不仅在于治理决策的科学化、治理目标的精准化，更在于治理主体的多元化构建，使多元共治成为高校科技治理现代化的价值趋向。以应对新冠肺炎疫情科技治理为例，面对疫情，国家部委和地方政府层面、高教和科研院所均突破惯常的行政隶属关系和科技创新组织层级，采取一系列应急管理有效举措，形成了中国特色的科技战"疫"特殊体系，高校科技创新系统在其中发挥了突出作用。

确立利益攸关的共同目标，建立多主体共同参与机制，统筹内外部多主体之间的合作协同，也可以为提升高校科技创新治理效能提供可能。此外，在高校科技治理体系的构建中，还应坚持将"三化"——战略化、科学化、集群化相互融合。其中，"战略化"意味着要着眼于世界科技前沿的引领性目标、方向性规划与创新型国家建设、人类命运共同体构建的总体要求；"科学化"意味着高校科技治理政策体系的准确性、完备性、科学性和有效性，同时也贯穿到科技创新治理系统"决策—执行—产出—评估—反馈"的动态流程；"集群化"则意味着要将学术探索和服务国家战略相交融，通过完善优化科技治理政策体系与创新环境，强化创新要素集成，打造科技教育、行业产业紧密互融的特色创新集群体系。

总之，当前国家科技创新视阈中的高校科技创新，正处在从外源性向内生性转变的关键阶段。高校科技治理体系能否现代化，关系到其能否推动形成高等教育服务科技强国战略以及创新型国家建设的重大命题，在这方面，我们需要做更深层的思考与探索。

第二章

高校科技治理的概念、对象与工具

第一节 高校科技治理研究回顾与概念界定

在 2016 年 5 月 30 日召开的全国科技创新大会、两院院士大会、中国科协第九次全国代表大会上，习近平总书记发表重要讲话，吹响了建设世界科技强国的号角。建设世界科技强国，是在奋力实现"两个一百年"奋斗目标的关键时期、在我国科技创新发展的关键阶段作出的重大战略决策，是创新型国家建设的必由之路。我国高校作为国家创新体系不可缺少的重要组成部分，一方面通过培养创新型人才为国家建设特别是世界科技强国建设提供人才支撑；另一方面，通过不断提升自身科技创新实力为世界科技强国建设作出直接贡献。

科技创新实力、科技治理效能是衡量高校办学水平的重要标志，是高等教育服务国家建设和经济社会发展的关键表征，是高校实现内涵发展的必然途径。新中国成立以来特别是改革开放四十多年来，我国高校在知识创新、科技创新等领域取得了突出成就，但面对国家治理体系及治理能力现代化、建设世界科技强国的战略目标，高校仍存在科技创新与治理战略定位不清晰、治理体系不完善、模式机制不适应、协同创新不够强、科技评价不完善、重大成果不突出、转化成效不充分、关键引领不显著、瓶颈问题待破解等问题，仍处于需要加快治理步伐、强化创新发展的阶段性关键期。

世界范围内，高校已经成为一个国家科技能力的重要战略性力量和科技创新资源储备库。以美国为例，其高校承担的基础研究数量超过了政府科研机构和企业承担的基础科研数量总和，在大学整体研发活动中基础研究所占的比例基本稳定在 65％以上。当前，世界经济持续动荡，国际科技竞争日趋白热化。复杂的全球局势和当代科技发展颠覆性、剧变式的总趋势，引发了一系列关涉科技创新及科技治理的重大问题，对我国国家科技创新治理以及高校科技创新与治理带来了严峻挑战。

党的十九届五中全会提出，坚持创新在我国现代化建设全局中的核心地位，把科技自立自强作为国家发展的战略支撑，把科技创新摆在各项规划任务的首位进行专章部署。五中全会进一步强调，要完善科技创新体制机制，建立健全符合科研规律的科技管理体制和政策体系，这为我国高校科技治理体系及治理现代化提供了重要遵循。高校必须围绕服务创新型国家和世界科技强国建设的战略目标，坚持科技创新和科技治理双轮驱动，以健全高校科技管理体制机制为途径，以增强高校自主创新和科技治理能力为内核，树立更高目标、加强战略谋划、提升治理效能、寻求关键突破、攀登新的高峰，着力发挥高校在国家科技体制创新中的示范带动作用，不断夯实其作为国家战略性科技力量的基础性地位，一体推进高校科技创新能力和科技治理效能的高质量高水平发展。

高校科技治理体系和治理能力现代化作为我国高等教育治理现代化的两大优先领域，是高校适应时代变革、适应现代大学制度、创建一流大学而做出的主动调整，是实现教育治理体系和治理能力现代化，实现国家治理体系和治理能力现代化的现实需要。科技创新治理体系和治理能力是相辅相成的两个方面，形成一个整体。完善的科技创新治理体系是提高科技创新治理能力的基础和前提，只有提高科技创新治理能力才能发挥科技创新治理体系的整体效能。[1] 国内外在高校科技创新治理领域的研究主要体现在以下四个方面。

一、高校科技治理内涵及特征研究

1. 公共治理

治理理论的思想和行动渊源久远，是对福利经济学关于

---

[1]　参见孙福全：《加快实现从科技管理向创新治理转变》，《科学发展》2014年第10期。

市场失灵论的超越，也是对公共选择理论关于政府失败论的超越。根据全球治理委员会的定义，治理是各种公共的、私人的机构和个人，管理共同事务诸多方式的总和（全球治理委员会，1995）。公共治理理论专家斯托克认为公共治理体系包括治理的主体如政府、公共组织、非营利组织、私人组织、社会个人等；治理的对象或客体，当前已应用到各个领域；治理的方式如强调各种机构、团体之间的自愿、平等合作。[①] 治理是使不同甚至相互冲突的利益得以调和并且采取联合行动的持续过程，在治理的理念视阈中，政府、企业和社会组织之间正和博弈，政府的宏观调控职能、企业的市场主体作用、社会组织的网络能力，能够相互配合、彼此补充。[②] 治理强调不同社会角色为了共同目标开展协调行为(如非正式合作、协调、同行监督、自我约束等)，而政府的作用不仅仅是下命令或运用权威，还可动用新工具和新技术对治理工作加以控制和指引。关于公共治理的研究，主要分为公共治理模式和公共治理评价的研究。公共治理模式主要包括多层级治理、多中心治理以及网络治理。[③] 公共治理评估

---

① 参见［英］格里・斯托克、华夏风：《作为理论的治理：五个论点》，《国际社会科学杂志》(中文版) 1999 年第 1 期。

② 参见张仁开：《从科技管理到创新治理——全球科技创新中心的制度建构》，《上海城市规划》2016 年第 6 期。

③ 参见陆铭、任声策、尤建新：《基于公共治理的科技创新管理：一个整合框架》，《科学学与科学技术管理》2010 年第 6 期。

以及治理体系评价方法主要基于客观数据评价和主观调查数据评价两类，国内学者综述了几种国际权威治理评价体系，将治理评价指标分为绩效指标和过程指标、主观指标和客观指标、单一指标和综合指标。①

2.科技治理

科技创新的"三螺旋"理论认为：科技创新是将科学发现和技术发明应用到生产体系并创造新价值的过程，它是科学发现、技术发明与市场应用在协同演进下的一种复杂涌现，是这个三螺旋结构共同演进的产物。② 科技创新理论的创新和公共治理理论的出现为解决科技创新管理问题带来了新的思路。科技治理是国家治理体系在科技、创新领域的延伸，用"治理"的理念和方法对科技创新的公共事务进行管理，强调多元参与、民主协商和依法治理。③ 孙福全指出科技治理是指治理理念、结构、模式等在科技公共管理中的运用，是公共治理理念在科技创新领域的延伸应用。经合组织（OECD）将这种科技治理称为"科学、技术和创新治理"（Science, Technology and Innovation，STI）

---

① 参见吴晓锋：《公共治理指标的测量——关于治理指标的一项文献回顾》，《苏州大学学报》2006 年第 1 期。

② 参见张来武：《科技创新的宏观管理：从公共管理走向公共治理》，《中国软科学》2012 年第 6 期。

③ 参见李建军、余伟、高国武：《提升上海科技创新治理能力对策研究》，《科学发展》2014 年第 11 期。

（OECD，2005）。薛桂波等将科技治理的主要特征归纳为：①强调科技管理中科学自主性发展，主张科研机构根据科技进步规律和实际情况决定科技发展具体事务；②主张科技专家通过组织化和制度化方式参与科技决策，不断扩大科研机构的社会影响力；③鼓励科技管理过程多层级、网络化合作，重视跨区域、跨部门纵向与横向交流。① 纵观当前科技创新管理领域的研究，可以从三个视角归纳。首先，如上述可以从科技创新管理的层次和区域视角划分为宏观如国家甚至超国家层面的科技创新管理，中观如区域创新管理及产业、产业集群科技创新管理，微观如各种组织机构科技创新管理。陆铭等提出基于公共治理的科技创新管理二维框架，即公共治理维度和科技创新管理维度。其中，公共治理维度包含公共治理工具、公共治理结构和公共治理机制；科技创新管理维度包含科技创新的研发生产阶段（科技创新计划、科技创新组织、科技创新控制、科技创新激励、科技创新评估等环节）和成果实施阶段（科技创新成果的保护和支持等）。

3.高校科技治理

从国家科技创新管理的微观层次如各种组织机构的科技创新管理来看，高校作为知识输出、人才培养和创新实践的

---

① 参见薛桂波、赵一秀：《"责任式创新"框架下科技治理范式重构》，《科技进步与对策》2017 年第 11 期。

重要"摇篮"，是科技创新治理的关键力量。① 所谓高校科技
治理，是指运用"治理"理念和方法对高校科学技术事务进
行管理。吴金希等认为高校科技治理是高校为实现科技创新
的长远发展，充分整合利用科技创新资源，改革传统的科技
管理机制，将公共治理理念运用于科技管理的各个层面，与
科技创新相关的政府、企业、各院系、科研院所、个人、校
内团体等多个利益主体和行动者之间协同、合作、交流、互
动，建立多方利益主体共同参与、交流、决策、监督机制，
最终形成科学决策、权力制衡、民主参与、有效监督的理想
治理体系。② 范斌等提出高校治理应包括高校内部治理和外
部治理两个方面，内部治理就要协调高校内部行政主体、学
术主体、学生等多元主体之间的权力配置与利益平衡，外部
治理就是高校作为独立的法人协调与政府、企业等社会其他
主体之间的利益制衡，二者的共通之处就在于调整多元治理
主体之间的关系，在平等协商与共治中实现利益共赢。③ 潘
建红等以公共治理理论为视角，以高校科协、高校、科技人
员、企业之间的互动关系为切入点，从强化高校科协治理理

---

① 参见张仁开:《从科技管理到创新治理——全球科技创新中心的制度建
构》,《上海城市规划》2016 年第 6 期。
② 参见吴金希、孙蕊、马蕾:《科技治理体系现代化: 概念、特征与挑战》,
《科学学与科学技术管理》2015 年第 8 期。
③ 参见范斌、郭蕊:《高校治理能力现代化: 内容与推进路径》,《黑龙江高
教研究》2017 年第 8 期。

念、建立内部治理结构、具体承接高校转移职能等几个方面来探讨促进高校科技治理体系建立的实践途径。① 刘晓静认为从形态上看大学科技治理体系更应该像一个以大学章程为核心的"大学操作系统"，是一定规模系统结构下的人、财、物的有机集合，它为大学的运行提供高效、稳定、有效的支持，使大学向既定目标前进的步伐更加顺畅有效，它是大学系统的内核与基石。②

二、高校科技管理机制及模式研究

高校作为我国科技创新的生力军，其科技成果贡献对于我国经济社会发展有十分重要的现实意义。高校科技创新皆是在相应的科技管理机制及治理模式下组织运行，高校的科技治理成效则依赖于现有的科技管理机制及治理模式。目前，国内外学者就高校科技管理的体制机制、治理模式及其发展的相关问题展开了较丰富的探讨。国内学者黄俊彦、吕建秋建议从高校科技管理机构设置、科技评价考核、科研队伍组织管理、科教协同育人、科技资源配置五个方面分析我国高校科技管理体制存在的

---

① 参见潘建红、吕迪：《治理视野下高校科协促进科技管理的实践路径》，《湖北师范学院学报（哲学社会科学版）》2016 年第 5 期。

② 参见刘晓静：《像构建"操作系统"一样建设大学治理体系》，《科技日报》2020 年 5 月 26 日。

问题并强调科技管理改革的必要性。① 潘建红等人建议重塑高校科协组织在高校科技管理模式中的作用与定位，促进科技管理向科技治理转变。② 张金福指出高校科技创新管理要进行"基础研究—开发研究—产业化"的全链条设计，注重科技创新的市场导向与需求牵引。③ 王延觉建议从科技资源配置、科研经费管理、科研项目责任强化、科技投入方式、科技成果处置等多个方面分析我国高校科技管理面临的挑战与机遇，同时也强调了深化高校科技管理体制机制改革的紧迫性。④ 胡瑞媛、张毅华指出目前我国高校科技管理模式已经不能适应现代科学技术的发展，遏制了科技创新能力，并建议建立教学体制外的科研体制，组建有组织群体化的科技活动，执行多元评价体系。⑤

国外学者，尤利娅（Yulia）提出 21 世纪的新型大学需要从战略管理的角度重新建设科技管理体制，将科研创新

---

① 参见黄俊彦、吕建秋：《高校科技管理体制机制改革现状分析》，《科技管理研究》2017 年第 3 期。

② 参见潘建红、杨珊珊：《发达国家科技社团推进国家治理的经验与借鉴》，《科学管理研究》2022 年第 4 期。

③ 参见张金福：《高校科技创新"孤岛现象"的源头治理》，《教育发展研究》2020 年第 3 期。

④ 参见王延觉：《深化体制机制改革构建高校科技管理"新常态"》，《中国高校科技》2015 年第 6 期。

⑤ 参见胡瑞媛、张毅华：《创新高校科技管理体制与机制对策探讨》，《中国高校科技与产业化》2006 年第 S1 期。

及教学创新技术同时纳入科技管理决策过程。①Elena 等提出国外高校的"Triple Helix（universities-enterprise-state）"科技管理体系，从科学—商业—政府三个层面发展高校科技创新系统，从而发挥大学科技创新成果对国家经济发展的驱动作用。② 此外，国外相关研究将更多的注意力放在高校科技管理过程的科研产出与技术转移阶段，明确了大学技术转移组织（UTTOs）承担的职责，指出政府在校企合作（university-industry research）过程中的重要调节与组织作用。③

　　针对高校科技治理及发展模式的研究，现阶段主要集中于以高校为主导的科技协同创新模式。潘锡杨认为高校主导的协同创新可分为高校内部协同和外部协同。④ 高校内部协同创新是指高校立足于自身实际，放眼于未来发展，以优势学科和特色专业为基础，推动组织机构改革，创新管理体制机制，整合全校优质创新资源，充分调动学校各院系、各

---

① See Yulia Stukalina, "Management of a Technical University in the Context of Preparing Students for the 21st Century Careers in Science and Technology", *Procedia Engineering*, 2017.

② See Elena, F., Venera, Z., Timur, S., & Artem, K., "Universities as a Driving Force of Economic Development in the Creation of Innovation System of Russia", *Procedia Economics and Finance*, 2015.

③ See Kreiling, L., Bounfour, A., "A Practice-based Maturity Model for Holistic TTO Performance Management: Development and Initial Use", *The Journal of Technology Transfer*, 2019.

④ 参见潘锡杨：《高校协同创新机制与风险研究》，东南大学博士学位论文，2015 年。

部口的协同积极性，为实现学校发展目标齐心协力、共同奋斗。高校外部协同创新是指以高等院校、独立科研院所、行业企业及社会团体等为代表的创新主体，围绕国家和地区重大战略需求，协同政府部门、科技中介、金融机构、非政府组织和国际创新力量，挣脱体制机制的束缚，共享创新资源，以重大科研项目为纽带开展多形式、深层次的交流合作，共同致力于研究解决行业关键共性技术及生产实际中的重大问题，从而实现教育与科技、经济和社会发展的有机融合，进而不断提高教育质量和创新能力的创新组织模式。

三、高校科技创新治理体系现代化研究

建立、完善以大学章程为核心，全校一盘棋、顶层设计、系统治理的具体科技创新制度体系是高校科技治理的关键。"科技创新治理体系现代化"是指为实现科技创新可持续发展、参与各方长期共赢，与科技创新相关的政府、企业、大学、科研院所、个人、社会团体等多个利益主体和行动者之间协同、合作、交流、互动，以使得我国科技创新相关制度体系和治理过程逐步实现法治化、科学化、民主化和文明化的过程。吴金希等指出我国科技治理体系现代化的制约因素，包括创新链与资金链的协调问题、科技创新主体自身的治理体系及能力建设问题、科技资源配置中政府与市场的定位与协调问题、治理过程的公众参与问题、创新文化和

要素流动以及协同创新的问题。① 瞿振元从中国特色高等教育治理体系的角度，建议基于治理理念健全高校内部治理结构、创新评估机制、发展以服务为中心的治理体系。② 何慧星、孙松提出"政党（领导）+ 政府（管理）+ 高校（办学）+ 社会（监督）"的"四位一体"现代化高校治理体系，充分发挥政党领导能力、政府管理能力、高校办学能力和社会监督能力。③ 许哲军、付尧基于大数据的概念，探讨了高校科技治理信息化的优越性以及其在科研评估、科研项目管理、科研资源配置等方面丰富的应用前景。④ 邱水平从中国特色现代大学的治理视角出发，提出以制度体系和制度执行力建设为主线，把党对高校的全面领导制度作为根本制度，围绕"治校制度体系"和"办学制度体系"推进基本制度和重要制度建设，构建系统完备、分层对接、科学合理的制度体系，建立健全刚性执行体系，形成中国大学治理体系和治理能力现代化的路线。⑤ 卢星辰以大学章程的制定与实施为

① 参见吴金希、孙蕊、马蕾：《科技治理体系现代化：概念、特征与挑战》，《科学学与科学技术管理》2015 年第 8 期。
② 参见瞿振元：《建设中国特色高等教育治理体系推进治理能力现代化》，《中国高教研究》2014 年第 1 期。
③ 参见何慧星、孙松：《论高校治理体系和治理能力现代化》，《高等农业教育》2014 年第 9 期。
④ 参见许哲军、付尧：《大数据环境下的高校科研管理信息化探索》，《技术与创新管理》2014 年第 2 期。
⑤ 参见邱水平：《中国特色现代大学治理的若干重要问题探析》，《北京大学教育评论》2020 年第 1 期。

视角，从四个层面论述了大学章程在高校治理体系和治理能力现代化建设中的重要意义，从加强对章程的学习教育与宣传解释、贯彻落实、监督保障以及理论文化研究等四个维度，阐述了全方位贯彻实施章程，不断推进高校治理体系和治理能力现代化建设的路径安排。① 本穆萨（Benmoussa）等国外学者提出高校数字化科技治理体系，借助新技术给治理理论及治理技术带来的转变来优化高校科技治理体系，为大学科技治理体系开发了一套全过程信息管理平台，初步实现了高校科技治理的多元主体高效协同。②

四、高校科技治理能力建设及评价研究

治理能力现代化建设是治理体系实现现代化的基础。Ohler 等认为，治理能力（governance capabilities）主要包括：对本"系统"特点优劣短长的分析和认知能力、对政策和问题的聚焦能力、促使行动者横向协作能力、政策执行能力、政策学习能力、政策调整能力等。③ 国内外学者在高校治理

---

① 参见卢星辰：《大学章程视域下的高校治理体系和治理能力现代化建设探析：以〈安徽科技学院章程〉为例》，《吉林工程技术师范学院学报》2019 年第 5 期。

② See Benmoussa, K., Khoulji, S., Laaziri, M. & Larbi, K. M., Web Information System for the Governance of University Research, *Engineering, Technology and Applied Science Research*, 2018.

③ See Ohler, F. W., Rammer, P. A. & Schindler, J., "Goverance in Austrian Information Society Policy", *Goverance of Innovation Systems: Synthesis Report*, 2005.

能力建设的原则、特征、路径等方面已经展开了较丰富的研究。别敦荣等提出了高校治理能力现代化的基本原则，包括科学管理原则、民主治理原则、依法治理原则、过程治理原则。① 陈世伟等提出在"双一流"建设背景下提升地方高校治理能力现代化的现实路径，包括强化内部治理自主性、加大"放管服"力度、科技创新激励评价、引入社会力量等。② Datta 等则建议在建设大学治理能力现代化的过程中将高校科技创新管理体制的多样性、创新内容的多维性等纳入考量，并充分考虑与国家整体创新战略相匹配。③ Boer 等从新公共管理的视角剖析了西方多个国家高校治理能力的维度，包括自上而下的国家政策规范的响应执行能力、多元主体利益协商能力、学院自治能力、资源竞争能力等。④ 范斌、郭蕊提出制度创新能力、执行大学章程能力、利益整合能力、调动参与能力、协商治理能力是高校在内外部治理中应具备的五个方面基本能力，需要在治理结构、行政管理方

① 参见别敦荣、韦莉娜、唐汉琦：《高等教育治理体系和治理能力现代化的基本原则》，《复旦教育论坛》2015 年第 3 期。
② 参见陈世伟、俞荣建：《"双一流"建设背景下地方高校内部治理体系和治理能力现代化研究》，《黑龙江高教研究》2019 年第 2 期。
③ See Datta, S., Saad, M. & Sarpong, D., "National Systems of Innovation, Innovation Niches, and Diversity in University Systems", *Technological Forecasting and Social Change*, 2019.
④ See Boer, H. D., Jürgen Enders, & Schimank, U., "On the Way towards New Public Management? The Governance of University Systems in England, the Netherlands, Austria, and Germany", *Springer Netherlands*, 2007.

式、治理格局和治理实效方面着力探索发展路径。① 文少保
提出决策科学化、民主化和法制化是科技治理能力现代化的
体现，并在战略上强调科技治理制度的顶层设计和实施能力
的现代化。② 姚琴琴等指出新时代我国高校治理能力现代化
具有治理手段的数据性、治理结果的契约性、治理主体的高
知性等特征，推进高校治理能力现代化要求治理模式由传统
管制模式向民主协同共治模式转型，即：高校治理具备开放
性心态和全域性视野，构建基于治理理念富有协同力、治理
制度富有供给力、治理执行富有胜任力、治理绩效富有回应
力、治理产出富有转移力的高校治理能力现代化"五维协同
模式"③。

五、文献述评及高校科技治理概念界定

综上所述，国内外现有研究对高校科技治理的相关问题
进行了较深入的探索，但是仍存在以下不足及问题。首先，
尚未厘清高校科技治理的内涵，即高校科技治理的目标及功
用还未形成统一认识；其次，对于高校科技管理机制及科技

---

① 参见范斌、郭蕊:《高校治理能力现代化: 内容与推进路径》,《黑龙江高
　教研究》2017 年第 8 期。
② 参见文少保:《高校智库服务政府决策的逻辑起点、难点与策略——国家
　治理能力现代化的视角》,《中国高教研究》2015 年第 1 期。
③ 参见姚琴琴、李治中、庄文城:《高校治理能力现代化的改革模式与路径
　研究》,《福建医科大学学报（社会科学版）》2019 年第 2 期。

治理模式研究多从不同视角出发提出政策建议，对于符合我国治理能力现代化需求的高校科技治理模式的界定尚存在研究空缺；最后，在国家治理体系以及治理能力现代化的大背景下，我国高校科技治理体系以及治理能力现代化的相关研究初步展开，缺乏对高校科技治理能力现代化提升路径以及评价指标体系的深入研究。

结合现阶段我国高等教育以及科技创新发展形势，从科学的角度提出高校科技治理及其现代化的内涵及特征，从高校科技治理的现代理念、结构模式、评价维度等方面展开深入研究，进而提出当前高校科技创新治理的总体思路、基本原则、重点任务、路径举措等政策建议，具有十分重要的理论和实践价值。

基于前人的研究及分析，本书将高校科技治理及其现代化的内涵界定为：高校科技治理是高等教育高质量、内涵式发展能力在科技创新及其治理领域的集中体现。[1] 在这个意义上，科技治理现代化是新时代新使命赋予高校服务国家战略、以创新驱动发展的根本要求，既包括促进高校科技发展的体制机制、政策法规、支撑保障系统等紧密联系、相互协调的体系化制度安排，也包括运用现代管理手段提升高校科技创新实力与水平的综合治理能力。

---

[1]　参见蔡劲松、刘建新：《"十四五"时期高校科技治理现代化的逻辑与路径》，《北京航空航天大学学报（社会科学版）》2021 年第 2 期。

客观看，高校科技治理体系和治理能力是一个有机统一的整体，涵盖高校科技创新的模式体系探索、机制环境营建、管理系统优化、创新能力提升、成果转化扩散、创新团队构建、平台协同聚合等范畴，必须妥善处理它们之间相辅相成的关系，坚持"立治有体、施治有序"，促使高校科技治理体系与治理能力在现代大学治理的制度框架下优化重构、动态匹配和更新调整，不断增强高校科技治理效能与创新动能。

第二节　高校科技治理的主体与客体

高校科技治理主体是指在高校科技治理活动中发挥主要作用的部门、机构等群体和个人，他们是治理行为的主导者和执行者，是完成治理目标的核心和关键。高校科技治理主体分为内部治理主体和外部治理主体两部分，其中内部治理主体指高校内部掌握科研资源和科技治理权力的部门和机构，外部治理主体指产学研合作模式下为高校提供科研资源，与高校开展技术创新合作的组织和群体，包括政府、企业、第三方中介机构、科研机构等。内部治理主体决定了高校人财物等科研资源的配置情况和科研项目走向，外部治理主体为高校提供资源支持并为其拓宽成果转化平台。本节主要聚焦在高校内部探讨各治理主体在治理过程中的结构和功能。

一、高校科技治理的主体

高校科技治理的主体在科技治理过程中扮演着引导者和推动者的角色，主体的治理水平决定了科技治理的进展和最终治理效果。传统的治理结构强调某一单一主体的绝对主导权，排斥多方主体参与治理过程，而现代组织治理以多中心治理理论为依托，强调多个治理主体的互动过程和协作关系。不同的治理结构使得主体在运用治理工具、实施治理方式、取得治理效果等方面也各有不同。以单一主体为主导的一元治理结构，多采用制定规章制度、明确发展方向、监督落实工作的方式，是一种自上而下的治理。这种治理结构在信息的发布、资源的调配、人员的配置上都是偏向行政化[①]和强制性的，降低了各部门的主观能动性。而多元治理结构则很好地弥补了一元治理模式的局限性，它能使各部门因地制宜地发挥自身优势，提高部门治理事物的针对性和专业性。优势互补是多元治理结构最显著的特征，它能够帮助高校以更高质量的水准，更高效的方式完成治理任务，实现治理目标。

一般而言，高校内部科技治理主体主要包括科技处

---

① 参见李新廷、崔宇辛:《影响公共危机治理的主客体因素分析》,《福建论坛（社科教育版）》2011 年第 2 期。

（科研院）、技术转移办公室、实验室管理处等职能部门。多元治理模式下，促进高校科技治理各主体形成更加完善的利益结构和治理格局，有助于更加有效地应对高校科技治理过程中遇到的多方面、多领域的问题，同时部门之间可以取长补短，相互支持，互相配合，形成多中心的治理结构。

1. 科技处 / 科研院

科技处 / 科研院作为高校科研管理的主要部门，主要承担校内科研课题的申报、经费使用、成果验收、实验室和研究中心管理等工作，其组织编制的科研发展规划及科研管理的规章制度对高校科研发展起着引领和指导作用。科技处 / 科研院在高校科技治理中扮演着多重角色，它既是科技规划和指标的制定者又是监督验收结果的考核者；既是科研项目申报、业务经费的管理者又是科研成果的推广者。科技处 / 科研院对高校科研方向的准确引导，对研究成果的科学评估，对人财物资源的合理配置是提高高校科技成果质量，有效实现科技成果转化为现实生产力[1]的重要一环。

2. 技术转移机构

20 世纪 90 年代以来，我国高校开始借鉴欧美国家的成

---

① 参见田贺明：《高校科技处办公室工作思考》，《研究与发展管理》1996 年第 3 期。

功经验成立技术转移机构，截至 2018 年被评为国家级示范机构的高校已高达 134 所。[①] 技术转移机构作为高校的主要行政部门，在科技治理方面承担多项职责。首先作为专利主管部门，技术转移机构具有规范和管理校内专利申请和许可的功能；其次作为综合的中介机构，它搭建起高校和产业合作交流的桥梁。高校技术转移机构建立科研信息数据库以便各方信息的查找与交流，并对已有联系进行管理。此外技术转移机构对校内技术转移任务进行管理并在一定程度上经营技术产出。[②] 技术转移机构的团队成员不仅在科研技术方面具有知识专长，在沟通技巧、宣传推销等方面也具有很强的专业性，对校企研发合作与技术转移之间的关系具有显著的正向调节作用。[③]

3. 实验室建设与管理处

部分高校为提升实验室管理的规范性、提高实验室建设水平还专门成立了实验室管理处，如北京航空航天大学就在 2019 年成立了实验室建设与管理处。不同高校的实验室处具有不同的功能，但大体上都承担了以下四项职责：一是负

---

① 参见李兰花、郑素丽、徐戈、黄灿:《技术转移办公室促进了高校技术转移吗?》,《科学学研究》2020 年第 1 期。

② 参见陈娟:《高校技术转移系统的职能研究》, 东南大学博士学位论文, 2016 年。

③ 参见孙玉涛、刘小萌:《校企研发合作与技术转移关系——技术转移中心的调节作用》,《科学学与科学技术管理》2017 年第 9 期。

责实验室的管理、建设和规划，制定相关计划与规范制度并对执行情况进行监督；二是负责实验室仪器设备的购买、规划验收和使用共享管理；三是负责组织实验技术立项、评审和成果管理[1]；四是负责人员队伍的招聘、培训、考核工作；五是负责实验室的安全环保管理和危化品的保管工作。实验室管理工作能力的改善对提升高校科研、办学和社会服务水平具有重要意义。

4.其他职能部门

除了以上三个专业负责高校科研工作的管理服务部门外，高校科技治理同样离不开财务处、审计处、发展规划处、党政办公室等其他行政部门的支持与合作。财务处通常设有科研财务科，负责科研项目经费的预算和决算审核及科研项目外协、外拨审批等工作。审计处关于财务收支和专项资金的审计工作也与科研经费的使用和管理息息相关。发展规划处通常承担学校发展战略研究与事业规划、学科建设与评估、校地合作和学术委员会服务等几大职能，这些工作都会对高校科研管理活动产生影响。党政办公室的综合科、督察室、政策研究室等科室在确定高校科研发展方向、督促科研工作落实等方面发挥治理作用。

---

[1] 　参见方东红、荆晶、岳鑫隆：《高校实验室管理机构及工作的定位思考与实践探索》，《实验技术与管理》2016 年第 4 期。

二、高校科技治理的客体

高校科技治理体系现代化以治理主体、治理结构、治理制度、治理方式、治理手段形成治理体系构成要素，以先进治理理念、治理主体多元化、治理结构网络化、治理制度规范化与理性化、治理手段法制化和市场化为现代化特征。①与以往传统的科技管理机制不同，现代高校科技治理更强调与高校科技创新有关的政府、企业、各院系、科研院所、个人、校内团体等多个主体之间的合作交流与协同。在高校科技治理内涵更丰富、主体更多元、手段更多样的背景下，伴随着科技研究与开发（R&D）理论与实践的进步，高校科技治理客体也逐渐超越了传统管理模式下的框架，更加符合高校科技治理现代化的要求与特点。

高校科技治理的客体是指高校科技治理主体所面向的、治理活动所针对的、治理手段所作用的对象，以及在高校科技治理发展中衍生出的新的被治理对象，包含不同的被作用方与科技研究开发流程。他们是治理行为的接受者，是科技治理过程中的重要组成部分。现代高校科技治理已经突破了传统的固定的治理客体模式，在横向治理与纵向治理中实现了不断发展。

---

① 参见吴金希、孙蕊、马蕾：《科技治理体系现代化：概念、特征与挑战》，《科学学与科学技术管理》2015 年第 8 期。

1. 横向治理客体

横向治理客体是指高校科技治理主体的治理行为的被作用方，主要包括科技创新人员/团队、高校实验室、科技创新课题与课题组（项目与项目组）、高校科技经费、高校科技企业等方面。

科技创新人员/团队。创新是第一动力，人才是第一资源。在现代科技进步中，人才的作用与附加在人身上的隐性知识的能量越来越成为竞争的重点，在科技发展中的作用越来越明显。重大发明创造、颠覆性技术创新关键在人才。科技创新人员或者团队是科技治理的重要落脚点，在高校科技治理中体现为从事科学研究的广大师生。科技创新以个人或团体为单位，在现代科学技术研究日趋复杂、交叉学科创新层出不穷的背景下，科学技术研究以团队形式出现更为常见。科学技术研究的战斗不是一个人的单枪匹马，而是一群人的并肩作战。

高校实验室。实验室是培养创新人才的基地，是实施科技创新的摇篮，是践行社会服务的窗口。实验室的数量和水平是一所大学科技创新能力的基本标志。[①] 除了现代实验室配套建设以支持科技研究之外，实验室安全治理是治理底线，是重中之重。我国向来重视实验室安全问题，教育部印

---

① 参见左铁镛：《高等学校实验室建设的作用与思考》，《实验室研究与探索》2011 年第 4 期。

发《关于加强高校实验室安全工作的意见》，要求各地各校深入贯彻落实党中央、国务院关于安全工作的系列重要指示和部署，深刻吸取事故教训，切实增强高校实验室安全管理能力和水平，保障校园安全稳定和师生生命安全。

科技创新课题与课题组（项目与项目组）。课题是指要研究解决的问题，课题组就是针对需要研究和解决的问题，由该领域的专家发起的研究组织。目的是为解决该领域出现的问题，找出应对的办法并转化研究成果，确保研究课题发挥应用价值。重大科技问题的攻关往往依靠课题组的成员充分发挥各自比较优势，通过分工协作形式在重大科技创新项目领域开展广泛而有效的分工协作。对课题与课题组的治理存在于准备、实施与结题各个阶段。

高校科技经费。伴随着国家创新驱动发展战略的实施，国家不断加大科技经费投入力度，需引导高校科技人员合理地开支科技经费、规范经费责任单位建立有效的管理制度。① 加强高校科技经费治理对于支撑科技研发、营造良好创新环境具有保障作用。

高校科技企业。改革开放以来，高校依托自身优势创办企业，对多渠道筹措教育经费改善办学条件、促进高校科技成果转化、创新人才培养模式等发挥了重要作用。随

---

① 参见曹蓓:《高校科技经费使用与管理研究探讨》,《中国管理信息化》2017 年第 13 期。

着社会主义经济发展，高校所属企业事企不分、监管缺位、法人治理结构不完善、资本运营效率不高等问题凸显，给高校资产安全带来风险。①2018 年 5 月，中央全面深化改革委员会通过了《高等学校所属企业体制改革的指导意见》，提出高等学校所属企业体制改革，要坚持国有资产管理体制改革方向，尊重教育规律和市场经济规律，对高校所属企业进行全面清理规范，理清产权和责任关系，分类实施改革工作，促进高校集中精力办学、实现内涵式发展。加强对高校科技企业的治理，有利于理顺科技研究与企业经营之间的关系，进而使高校科技企业更好服务于高校科技创新发展。

2. 纵向治理客体

高校科技创新及成果转化对于我国经济社会发展具有重要现实意义，但高校科技创新研究中也存在不少问题。科技成果与从高校科技研究基础开发到技术转移与市场接轨实现经济价值中存在脱节，导致出现科技创新无法转化为现实生产力的"孤岛现象"。②一般来说，科研成果的转化需要经历四个阶段：概念研究阶段、技术开发阶段、工程研制阶段

---

① 参见金仁东、于伟、郑包林：《以资本管理为核心全面深化高校企业体制改革》，《实验室研究与探索》2020 年第 2 期。

② 参见张金福：《高校科技创新"孤岛现象"的源头治理》，《教育发展研究》2020 年第 3 期。

和生产部署阶段。要破除"孤岛现象",就要统筹四个阶段,加强纵向治理,完善"基础研究—应用研究—技术开发—产业化"全过程治理。①

其中,基础研究是以创新探索知识为目标的研究,此时的研究不带商业目的。不是所有的基础研究都在当时背景下能够顺利转化为现实生产力。要结合市场需求和对未来技术与市场的研判进行下一步开发。应用研究是运用基础研究成果和其他有关知识对基础研究开发所进行的技术基础研究。一般体现为学术论文、专利和原理模型。技术开发是为创造新产品、新方法、新技术,以生产产品或者完成工程任务而进行的技术研究活动。一般体现为技术专利、试验产品等。产业化是通过基础研究、应用研究和技术开发过程论证了技术可行性与产品可行性之后利用市场经营手段实现大规模生产。该活动是以经济活动为主,伴随着技术活动。

伴随着科技迅猛进步与市场环境变化,高校科技治理也渐渐突破了原有基础研究—应用研究—技术开发—产业化的线性模式,突破了传统横向管理范畴,实现了高校科技发展网络化模式。高校科技治理客体的内涵与外延也在扩大,出现了产学研协同发展模式、高校科技创新联盟。高校科技创新实现了突破,形成了多元参与、横纵结合的高校科技治理

---

① 参见朱常海、郭曼:《我国技术转移策略研究——技术、组织与创新生态》,科学技术文献出版社 2017 年版,第 89—112 页。

网络。

需要指出，一个不断完善的高校科技治理体系中，必须明确高校治理主客体之间的关系，理顺治理关系与流程，实现多主体多层次协同治理。同时要注重综合运用各种治理工具，充分发挥强制性工具与诱制性工具在高校科技治理中的重要作用。

第三节　高校科技治理的政策工具

一、高校科技治理的强制性政策工具

政策工具是政策行动主体为解决公共问题，达到预期政策目标所选用的途径和手段。政策工具是联系政策目标与政策结果的纽带，是把理想蓝图转化为客观事实的基本途径，政策工具的选择是关系到政策成败的关键。[①] 政策工具的类型和具体的表现形式是灵活多样的，主要包括强制性政策工具和诱制性政策工具。

高校科技治理的强制性政策工具是指为实现高校在科研发展、人才队伍建设等方面的目标，治理部门借助权威和强制力迫使目标群体及个人采取或不采取某种行为的方法和手

---

① 　参见严强：《公共政策学》，社会科学文献出版社 2008 年版，第 99 页。

段。强制性政策工具是权力部门介入程度最高的一种工具，目标群体很少有自由裁量权。强制性政策工具通过行政命令等方式直接性、全方位地介入科研管理，因其所需的信息少、政策成本低、速度快等特点成为高校最常用的科技治理工具之一。具体而言，高校科技治理的强制性工具主要包括规制、直接提供和权威三种类型，它们各自从不同的角度对科研治理施加影响。

1. 规制

规制是治理主体利用公共权力和权威，利用制度和规章来规范科研团队和人员行为的手段。规制工具的形式是多种多样的，规定行为、颁布禁令、颁布和实施特定标准、审批、发放许可、考核、评价、规定配额等都是规制工具运用的具体体现。规制工具以合法权威为后盾，以具体的规章为准则，向目标群体施加影响。受约束的群体必须贯彻落实相关政策，如果违反了规定就要受到惩罚，为防止既得利益受到损害，他们就会遵守规定，此时规制工具就开始发挥作用。规制工具的高强制性和高权威性使其带来的治理效果更直接和显而易见。规制在高校科技治理的过程中主要在科研项目申报、仪器设备管理、人才队伍考核评价、研究经费使用等方面发挥规范和制约作用。

如北京航空航天大学公布的《关于开通科技成果转移转化项目线上申请审批业务的通知》对具体的审批流程进行

了说明;《关于开展全校科研实验室检查工作的通知》对检查工作的要求进行了具体安排;《关于2018年科研经费入款办理截止时间的通知》对经费拨款事项进行了阐述。这些通知针对审批事项、工作安排、经费发放等不同的内容进行了规制。

2. 直接提供

直接提供指政策行动主体为解决公共问题,满足发展需要,直接向目标群体提供公共物品与服务。直接提供包括直接服务与管理、公共财政支出、转移支付等表现形式,在高校科技治理活动中多以公共财政支出的方式出现。为保证科研活动顺利开展,激励科研人员研究热情,高校会通过设置专项资金、财务拨款等形式为科研活动提供资金支持。针对我国目前发展较为困难和落后的科研领域,需要高校通过直接提供资金和服务的方式促进其发展,以实现科研技术在不同领域的均衡发展。

3. 权威

权威型政策工具包含规划、计划、指导、机构的设置与改革、协定与试验多种表现形式①,高校科技治理所采用的权威型政策工具以规划居多。科技处/科研院作为高校科研工作的管理中心,是科研发展规划、计划、指导的主要制定

---

① 参见师玉生、林荣日:《我国普通本科教学评估制度改革中的政策工具研究》,《高教探索》2015年第12期。

者。科技发展规划是政策行动主体在对高校科技治理现状和治理问题进行分析、研究的基础上，经过调研、论证、起草、评审等环节，制定的一个比较全面的科研发展计划。①高校的科研发展规划指明高校在科研项目开展等方面的方向，为各实验室、研究工程中心的科研工作提供指导，并阐明在一定年限范围内高校科研发展的目标，同时为科研任务的实现提供资源支撑。如上海科技大学公布的科研发展五年规划（2016—2020）就阐明学校要针对材料、能源、环境、信息科技、生物科技、医学、数学领域的关键问题进行学科布局，通过加强科教融合、产学合作等方式促进科技成果创新，以为上海加快建设具有全球影响力的科技创新中心作出重要贡献。

表 2-1　高校科技治理的强制性政策工具分类表

强制性政策工具	规制	规定行为、颁布禁令、颁布和实施特定标准、审批、发放许可、考核、评价、规定配额
	直接提供	直接服务与管理、公共财政支出、转移支付
	权威	规划、计划、指导、机构的设置与改革、协定与试验

① 参见刘茜:《广州市政府推动艺术品市场发展的政策工具研究》，暨南大学硕士学位论文，2018 年。

强制性政策工具具有成本低、见效快的治理优势，但同时也存在一些局限性，主要表现为以下几个方面：一是规制通常缺乏灵活性和机变性，较低的自由裁量权导致政策在遇到新情况时无法随机应变，僵化的、墨守成规的政策会阻碍创新和技术进步。二是无法对所有不合理的行为进行规制，在管理内容上不具有穷尽性。三是公共部门直接提供的支持和服务有时是迟缓的，不及时的资源配置非但不会带来最佳的治理效果，有时反而会造成资源浪费。

二、高校科技治理的诱制性政策工具

高校科技治理的诱制性政策工具是指为实现高校在科研发展、人才队伍建设等方面的目标，治理主体给予目标群体相应的激励促使其达成政策目标，具有诱导性、非强制性、灵活性等特点。该政策工具没有明确的限定框架去要求目标群体采取某种行动，但会为其提供行为思路以引导其行为过程。具体而言，高校科技治理的诱制性工具主要包括资源供给、环境营造和市场需求三种类型，它们从不同的角度对科技治理施加影响。

1. 资源供给

我国对高校科技创新资金给予大量投入，为高校科技治理提供了资金支持。根据国家统计局、科学技术部和财政部联合发布的《2019年全国科技经费投入统计公报》数据，

2019 年我国 R&D 经费投入总量为 22143.6 亿元，比上年增加 2465.7 亿元，增长 12.5%。基础研究经费快速增长，高等学校对全社会基础研究经费增长的贡献为 54.0%，比上年提高 2.9 个百分点。加大科技信息支持，推动建立科技资源共享平台。科技部、财政部共同推动建设国家科技基础条件平台门户网站——中国科技资源共享网，其宗旨是充分运用现代信息技术，推动科技资源共享，促进全社会科技资源优化配置和高效利用，提高我国科技创新能力。2018 年，国务院办公厅印发《科学数据管理办法》，完善数据开放与管理。加强高校国家重点实验室建设与管理，完善科研基础设施建设。人才是一个国家最重要的战略资源，综合国力竞争说到底是人才竞争，高校科技治理过程中注重人才引进与培养，在聚焦专业、学科交叉等方面完善人才培养理念，为提升高校科技能力和国家自主创新能力培养了大量人才。以上为高校科技治理提供了丰富的资源供给。

2. 环境营造

良好的金融财政环境为高校科技治理新模式提供了金融支持与税收优惠。2011 年颁布的《关于促进科技和金融结合加快实施自主创新战略的若干意见》中指出：创新财政科技投入方式与机制。推动建立以企业为主体、市场为导向、产学研相结合的技术创新体系，加快推进科技计划和科技经费管理制度改革，促进政产学研用结合，综合运用无偿资助、偿还性资助、创业投资引导、风险补偿、贷款贴息以及后补助等多种方式，引导和带动社会资本参与科技创新。我国重视高校知识产权保护，1999 年中华人民共和国教育部 3 号令《高等学校知识产权保护管理规定》对高校知识产权包含内容、高等学校知识产权保护工作的任务与履行职责、知识产权归属与知识产权管理机构、奖酬与扶持以及法律责任作出了明确表述。近来，伴随着科技进步与科技产出成果迅速增加，知识产权保护更加受到重视。

3. 市场需求

伴随着科技与经济的发展，中国产业升级，我国原有的劳动力等优势开始逐渐消失，产品中的资本和技术密集程度不断提高。在市场发展中，科技的投入与拉动作用优势凸显，科技创新对中国经济及未来发展的重要性毋庸置疑。市场需要技术，市场也能拉动技术发展，因为技术研发是一个漫长的、积累的、试错的过程。这样意味着技术创新需要投入且结果充满不确定性，但市场的高效资源配置能力能给技术研究与开发找到"归宿"。以产学研协同为例，使高校科技研究面向产业面向市场，促进了高校科技成果的转化。另外，在第四轮科技革命中，科技的竞争优势更加明显。科技创新与发展在我国战略发展中的作用越来越重要，加强"卡脖子"技术攻关越来越急迫，我国政府加大基础研究与应用研究，更加重视技术开发，高校作为创新的重要主体，承担了大量政府科技创新项目。同时高校的科研能力与产出也是衡量高校水平的重要指标。

三、高校科技治理对象与工具比较

不同的政策工具有不同的特点，不同的治理主体和客体有不同的目标价值取向和利益衡量。因此主体和客体对政策工具的使用和接受偏好各有不同，不同决策—目标群体的工具适用类型也有所差异，本节将从以上两个角度展开对象与工具的比较分析。

1. 主体和客体对政策工具的使用和接受偏好

通常情况下治理主体作为权力部门对强制性政策工具的使用偏好更强。强制性政策工具的实施只需要极少的信息，治理主体只需要规定客体行为并制定相关标准就可以通过自上而下的方式使规制工具发挥作用。同时从主体角度出发，出于利益考量，相对于选择经济激励方式，为了减少开支，他们更愿意选择成本较低的强制性工具。即便是在需要通过公共开支向客体提供资金的情况下，直接提供也避免了协商、讨价还价等麻烦，因此也更加受到主体的欢迎。

相反，站在治理客体的角度，带有物质和精神诱因的诱制性政策工具更容易被客体所接受。强制性政策工具带有的权威性和强制性迫使客体必须接受发展规划、行为规定等规章，这种强制以牺牲客体的创造力和自愿性为代价，有时并不会引起客体的尊重和自愿服从。而科技人才更容易接受对其激励效果更明显的经济激励手段。

2. 依赖决策—目标群体的政策工具选择

林德和彼得认为政策工具的选择受工具本身的特征、国家的政治文化、目标机构的组织文化、环境因素、决策者的个人偏好等因素的影响。① 霍莱特和拉梅什综合政策工具选择的经济学模式和政治学模式发展出政策工具选择的综合模式，该模式认为政策工具的选择应综合考虑国家能力和政策子系统的复杂程度两方面因素。由以上两种理论可以看出，政策主体和政策客体的偏好及政策工具本身的特征对政策工具的选择产生了较大影响。结合高校科技治理的现状和特征，治理对象对政策工具的选择产生的影响主要体现在如下四个方面。

第一，当治理主体的能力较强，治理主体拥有充分的资源支持和客体支持的情况下，可以较多地使用强制性政策工具。此时的治理主体具备正确引导高校科研治理方向、合理配置科研资源的能力，客体也对主体表现出明显的认可和服从倾向，规制、直接提供、权威工具就能高效地发挥治理效能。

第二，当治理主体拥有充足的资源且治理能力较强，但

---

① Linder, S. & Peter B. G., "The Study of Public Policy Instrument", Policy Current, 1992.

客体对主体的认可度较低的情况下，可以通过诱制性工具，引导客体的行为向主体希望的方向发展。一定的物质和精神激励可以对治理客体施加影响，从而把主体和客体整合在一起，使他们朝着共同目标前进。

第三，当治理主体因专业性和技术性等因素出现治理能力不足的情况时，可以通过权力下放的方式给予科研团队和实验室等研究中心以较大的自主决策和管理权。在技术问题面前，只有充分下放权力，才能真正发挥科研人员的主观能动性，使其以更专业的角度、更具针对性的方案解决难题，完成科研目标。

第四，当治理客体发生突发状况，如在科研项目、实验室人员团队出现紧急变故的情况下，需要治理主体站在更高的治理视角，在综合考虑各方面因素的前提下利用发布紧急通知、计划变更等手段及时对治理对象和内容进行调整，从而更快地扭转局面，恢复稳定。

总之，改善高校科技治理格局，必须准确把握治理主体、治理客体、政策工具的特征，注重对象与工具之间的相互作用关系，在明晰三方的相互影响力并理顺关系的前提下逐渐健全完善高校科技治理的体制和机制。

第三章

高校科技治理的目标需求及体系结构

科技创新治理体系和治理能力现代化是国家治理体系和治理能力现代化的重要内容。高校作为一个国家科技能力的重要战略性力量和科技创新资源储备库，其治理体系的构建，将对国家科技创新与治理能力产生深远影响。因此，基于高校科技治理现代化的内在逻辑分析，根据现阶段我国高校科技治理的目标与需求，构建高校科技治理体系的内、外部构成，探究高校科技治理体系各子系统之间的运行与逻辑关系，分析高校科技治理体系与国家创新体系之间的耦合、协同关系，对于完善高校科技治理体系、提升高校科技治理能力具有重要意义。

第一节 高校科技治理的目标趋向与需求导向

一、我国高校科技治理的目标趋向

1. 国家顶层设计出台为高校科技治理指明新方向

习近平总书记高度重视高校科技创新与治理发展，并多次就高校科技工作作出重要指示批示。2020 年 9 月，在教文卫体专家座谈会上强调，我国高校要勇挑重担，释放高校基础研究、科技创新潜力，聚焦国家战略需要，瞄准关键核心技术特别是"卡脖子"问题，加快技术攻关。2021 年 4 月，在清华大学考察时强调，一流大学是基础研究的主力军和重大科技突破的策源地。同年 5 月，在两院院士大会和中国科协第十次全国代表大会上，明确指出高水平研究型大学是国家战略科技力量的重要组成部分，要自觉履行高水平科技自立自强的使命担当。

为了鼓励高校科技创新，完善高校科技治理水平，2022 年中共中央办公厅、国务院办公厅印发《关于加强科技伦理治理的意见》，鼓励高校开设科技伦理教育相关课程。同时，我国"十四五"规划和 2035 年远景目标纲要在"建设高质量教育体系"中提出了提高教育质量、建设高素质专业化教师队伍、深化教育改革等要求，为高校科技创新及治理指明了改革与发展方向。

2. 传统治理模式革新为高校科技治理提供新思路

科学研究支撑和引领人才培养在一定程度上受到高校内部传统的"行政化"治理模式掣肘，亟待通过进一步深入研究来促进相关改革。转变高校内部传统的"行政化"治理模式正在逐步推进。现阶段，我国"双一流"高校均从不同方面尝试进行治理模式的革新。对内来说，高校内部的治理，主要包括了平衡行政权力和学术权力，建立政府、大学和社会共同参与的平等竞争格局，改革高校内部的行政治理模式等。对外而言，高校开始加紧与企业、研究所的联系与合作，一方面在科技人才培养上，开始注重以企业、技术需求为依托，建立高校研究院所共建的人才培养项目；另一方面，在科技成果转化方面，也在不断注重技术专利的中试、熟化过程，探索更加高效的科技成果转化路径。

3. 高校产业发展兴起为高校科技治理提供新路径

我国高校产业发展，是国家政策支持和不断提携的过程。自 1985 年起，中央相继发布《关于科学技术体制改革的决定》和《关于教育体制改革的决定》，高校校办企业由此进入结构调整阶段，少部分拥有科技含量的校办企业转换经营机制，成为科技型企业。随后，国务院又陆续发布《关于进一步推进科技改革的若干规定》等，高校科技产业发展如火如荼地进行。现阶段我国高校产业的发展模式主要包括科技企业、商贸企业、服务企业和文化企业。我国高校产业发展弥补了企业科研能力弱的缺点，又促进了高校科研成果及时有效地转化，发挥了高校为社会服务的职能。

4. 产学研合作为高校科技治理提供新工具

近年来产学研合作为我国科技创新提供了新鲜的血液，在国家 2000 多条政策的支持下，我国产学研合作逐渐步入正轨。企事业单位对高校经费支持节节攀升，我国产学研合作逐渐由松散型向紧密型转变，以战略联盟、创新平台、校地合作、科技园、官产学研一体等为主导的产学研合作模式不断涌现。高校为科技创新提供人才与实验平台，联合企业、政府、金融机构、科技中介等，共同实现科技创新。

二、我国高校科技治理的需求导向

1.国际贸易战争局势对高校科技治理提出新挑战

随着我国创新驱动发展战略的实施，依托高校、科研院所以及创新型企业，我国科技创新不断发展壮大。然而，中美贸易战争让我们警醒，前期仅依靠企业的自身力量，使得企业的整体科研实力特别是在基础研究领域长期滞后，核心技术掌握仍然不足，部分关键设备、高端产品依赖进口的现象仍旧存在。我国已建立了一定数量的共性研发机构和跨领域研发平台，但从整体上仍处于探索阶段，不足之处主要体现在资源整合利用能力差、协同创新动力不足，资金投入有限、共性研发平台数量和范围有限，规划体系不完善、保障机制不足等方面，整体上尚未形成良好的共性技术创新发展环境。这就导致我们难以打破关键技术的创新发展瓶颈，核心技术受制于人的问题仍然严峻。因此，面对贸易战争及其背后的政治纷争，我们必须要认识到，人才与科教的高度融合、高校与科研院所及企业的协同创新，是解决核心技术受制于人的基础要素，高校作为培育创新型人才、推进基础研发的基地，在面对经济"逆全球化"发展时被推到了科技创新发展的核心位置。面对国际新形势，高校应如何培育创新型人才，进行科教融合，为市场及企业输送科技创新的基础要素，这对高校科技治理提出了新的挑战。

2. 国内双循环发展格局对高校科技治理提出新目标

面对国际严峻的发展形势以及国内新冠肺炎疫情的影响，中央提出，要深化供给侧结构性改革，充分发挥我国超大规模市场优势和内需潜力，构建国内国际双循环相互促进的新发展格局。大力推进科技创新是支撑引领双循环新发展格局的大势所趋，高校作为科技创新体系的重要组成部分，在面对双循环发展要求下，应如何定位角色及发展目标，从而在国内和国际科技合作中发挥关键作用，这为高校科技治理提出了新的目标。

3. 关键核心技术发展亟须高校科技创新支撑

高校是关键核心技术攻关的主战场。作为科技第一生产力、人才第一资源和创新第一动力的重要结合点，高校应当发挥学科门类齐全、科技人才聚集、基础研究厚实等独特优势，努力瞄准世界科技前沿，加强对关键共性技术等"卡脖子"技术的攻关创新，在服务国家实现关键核心技术自主可控、牢牢掌握自主创新主动权方面担当重要责任。现阶段，我国高校的科技创新工作虽然取得了很大成绩，但仍存在顶尖人才和团队比较缺乏、创新人才支撑不足、激励机制不健全等问题，导致一批基础研发相对薄弱。因此，如何解决关键共性技术，如何依托高校力量，解决关键核心技术受制于人的问题，这对高校科技创新提出了新的要求。

4.国家治理能力现代化亟须高校作出适应性调整

高校科技治理体系和治理能力现代化是国家治理体系和治理能力现代化的重要组成部分。新时代，面对国内外发展新格局，高校必须及时调整自身发展目标、发展路线，从而适应国家发展新格局。高校为市场输送人才，为基础研发提供力量，协同企业进行创新研发，作为国家创新系统的重要子系统，对外应如何改变角色，协同其他主体进行治理能力现代化建设，对内应如何自治，调整自身体制机制的不适应，这对高校科技治理提出了新的任务。

第二节 高校科技治理体系的内外部构成及作用

一、高校科技治理体系的内部构成

高校科技治理体系的内部构成，主要围绕高校科技治理的制度体系化、目标效能化、方式智能化、实践闭环化四个内核展开。为了实现制度体系化、目标效能化、方式智能化和实践闭环化，高校科技治理体系的内部子系统主要包括科技创新子系统、科技成果转化子系统、人才培养子系统和公共服务子系统。

科技创新子系统主要发挥不同高校自身发展与学科定位的特点，建立与当前形势、目标任务相适应的科技创新基地。采用科研与人才培养相结合的方式，建立基础性的研究基地，发挥高校的科技创新优势。一方面向内培养专业人才，提升科技素养；另一方面对外输送新技术、新知识。该子系统主要包括若干适应社会经济发展要求的研究中心、实验室、基地等，从而实现教育、科研、经济的一体化。

科技成果转化子系统主要发挥与社会各界开展广泛合作的作用。该子系统包括了高校内部的技术转移中心、科技服务中心等，此类要素通过与外部企业、科研院所合作，加强科研人员和信息流通，使高校的实验室和工程中心的成果可以在科技园和技术转移中心就近转化、流向企业，从而带动高校科研和市场的结合，使高校的教学科研和社会经济形成良性循环。[①] 此外，科技成果转化子系统还承担了不断探索创新模式的重任，例如，如何充分利用学校现有资源，探索产学研结合的新模式，以市场和企业为导向，让高校科技园与技术转移中心在科技成果产业化的过程中更好地发挥作用。

---

① 参见孙新兵：《系统论视野下高校科技创新系统的构建》，《长春师范大学学报》2017 年第 4 期。

　　人才培养子系统主要发挥高校科技创新人才队伍建设的作用。建设高素质创新型人才队伍有利于增强高校的自主创新能力和综合实力。高校必须实行人才强校战略，改革体制机制，集聚人才智力，激发人才活力，提高人才效能，培养高素质创新型人才队伍。同时，高校要坚持人才服务优先、人才发展优先的理念，为人才的引进、培养、选拔和创业提供良好的条件。进行高校科技创新人才队伍建设，既要高度重视对优秀拔尖人才的培养，又要注重人才结构和梯队建设，依托学科优势和创新基地，注重理论与实践相结合，培养高水平的科技创新人才。①

　　公共服务子系统主要以科研仪器共享服务平台、科技文献信息服务平台、计算机网络服务平台及成果转化和产业化服务平台为核心。科研仪器设备共享平台可以挖掘高校现有的仪器资源，建立科技资源的共享服务机制，提高大型仪器的利用率，降低科技创新成本。科技文献信息服务平台通过对自有科技文献及外来科技文献的订阅、传递、跟踪、管理等服务，形成科技文献服务体系，有利于科技文献信息资源的综合利用。计算机网络服务平台及成果转化和产业化服务平台通过提高科技成果发布、技术转移咨询、科技成果转化的推广交流等服务，加快科技成果转化、应用和扩散，构建

---

① 参见傅小勇：《基于系统论的高校科技创新体系的构建思路》，《科技进步与对策》2009 年第 16 期。

高效顺畅的科技成果转化平台。①

二、高校科技治理体系的内部作用机制

科技创新子系统、科技成果转化子系统、人才培养子系统、公共服务子系统协同互动，从而实现高校科技内部治理的目标。因此，各个子系统之间的协同互动是高校科技治理体系内部动力的源泉，也是高校科技协同创新活动的内在驱动力，在内在驱动力的作用下，各个子系统的协同互动推动了科技创新的知识、利益以及风险的共享共担，达到了社会经济效益的最大化。

首先，科技治理的知识共享机制，是高校与其他创新主体之间进行知识转移、再创造的过程。科研院所以及企业等主体都迫切需要与高校进行合作，吸纳人才、进行科技成果转化，进而推进知识扩散，通过整合知识，实现知识落差的填补。知识共享是科技创新的主要手段之一，只有实现了知识共享，才能帮助不同组织进行技术创新，从而产生更多的创新绩效。

其次，科技治理的利益共享机制，是各个创新组织之间进行利益分配的过程。利益分配是企业与学研机构或其他创新主体进行协同创新的重要部分，其目的则是满足资源互补

---

① 参见孙新兵：《系统论视野下高校科技创新系统的构建》，《长春师范大学学报》2017 年第 4 期。

需求。

最后，科技治理的风险管理机制，是创新组织之间进行风险分担及风险监测的过程。众所周知，任一体系都可能面临不确定性的风险，参与科技创新的主体都将是创新风险的承担者，因此，对风险进行有效的管理与控制，可以协调各方关系，使风险分担主体互利互惠，达到共赢的目的。风险管理机制可以帮助创新主体有效的选择风险项目，并对风险进行有效地预警管理及分担，降低创新过程中的风险损害。

综上所述，科技创新子系统、科技成果转化子系统、人才培养子系统、公共服务子系统协同互动，从而实现高校科技治理体系内在的知识、利益、风险共享共担作用机制。

三、高校科技治理体系的外部结构及关系

高校科技治理体系的外部动力要素通过诱导、刺激、调控等方式，对内部相关子系统产生推动作用，因此，外部构成主要包括市场技术需求的推动、政府相关政策的支持、科技金融的推动等。

当今市场竞争不断加剧，技术不断变革，任何一个创新主体如果不能快速地适应此种变化，终将会被淘汰。市场对于技术创新的不断需求，推动着创新主体通过合作提升自身能力。市场需求是创新活动的起点，当企业自身无法满足市

场技术需求时，就会迫切地与高校进行合作，协同开展技术创新活动，响应市场需求。一方面，高校通过合作，在企业获取市场需求的基础上进行科学研发，实现自身的研发价值，从而获取研发利润；同时，对于创新需求的有效把控，也可以帮助高校拓宽自身的研究视角，寻求与市场需求相吻合的技术要点，提高研发的市场有效性。另一方面，企业通过协同合作可以提高自主创新能力，从而提升自身的核心竞争力。高校、科研院所通过合作可以实现自身知识的成果转化。因此，企业对于利润的追求是推动其与高校进行合作的动力之一，也是驱动高校进行科技治理现代化的动力之一。发展何种技术、培养怎样的人才，提供什么样的共享平台等，成为高校科技治理体系要探寻的重要问题。因此，技术需求是高校科技治理体系的重要外部动力因素。

高校是知识、技术等资源的供给者，企业是技术创新的主力军，产学研三方在共同战略发展需求的基础上，进行技术创新，进而完成科技成果商业转化的一致性战略目标。因此，高校、企业与科研院所之间共同的战略发展目标，是产学研各方进行合作创新的动力。一致的战略目标对创新主体的价值取向和创新行为产生引导作用，从而推动各方准确定位自身的创新方向，实现合理的技术分工，在合作过程中不断优化自身策略，从而实现学术研发与产业开发的有机结合。共同的战略目标，使异质性创新主体从"单打独斗"走向"群体合作"，从而推动科技创新及治理的协同发展。

政府是科技创新的支持者，也是支持推动协同创新的倡导者，主要表现在协同行为的动力引导方面。在行为引导上，政府对主体间的协同牵引起到纽带作用，对于我国来说，大部分高校和研究机构都属于政府出资，政府出面作为担保，撮合推动协同创新的发展，从而使各方主体获益。尤其在现阶段，我国政府正大力引导产学研进行合作，推动协同创新的良性发展，在此种动力的支持下，协同创新才得以开展。

第三节　高校科技治理体系与国家创新体系的协同效应

一、国家创新体系的内涵及构成

1987 年，英国经济学家克里斯托夫·弗里曼在《技术政策与经济政策：日本的经验教训》一文中，正式使用"国家创新体系"这一术语 [费里曼（Freeman），1987[1]；卡尔森

---

[1] Freeman, C. ,Technology Policy and Economic Performance: Lessons from Japan, London, Printer Publishers, 1987.

（Carlsson），2006[①]］。1992 年出版的 G. 多西等合编的《技术进步与经济理论》一书首次将国家创新体系概念引入中国。[②]尼尔森和罗森伯格（Nelson & Rosenberg，1993）、帕特尔和帕维特（Patel and Pavitt，1994）[③]、尼奥希（Niosi，1994）[④]、路甬祥（2002）等也对国家创新体系进行了界定。例如，从制度的视角，尼尔森（Nelson，1993）认为国家创新体系是"一系列相互作用决定国家企业创新绩效的制度"[⑤]。从机构的视角，路甬祥（2002）认为国家创新体系是由科研机构、大学、企业及政府等组成的网络，其目的是提升创新能力和效率。[⑥]基于制度与机构的双重视角，柳卸林和马驰等（1999）认为，国家创新体系是由政府和社会各部门组成的一个组织和制度网络，它们的活动目的旨在推动技术创新。[⑦]随后，国内外

---

① Carlsson, B., "Internationalization of Innovation Systems: A Survey of Literature", Research Policy, 2006.

② 参见［意］G. 多西等编：《技术进步与经济理论》，钟学义等译，经济科学出版社 1992 年版，第 377—379 页。

③ Patel, P. & Pavitt, K. , "National Innovation Systems: Why They are Important, and How They Might be Measured and Compared", Economic of Innovation and New Technology, 1994.

④ Niosi, H. & Bellon, B. , "The Global Interdependence of National Innovation Systems: Evidence, Limits, and Implications", Technology in Society, 1994.

⑤ Nelson, Richard, R., ed al., National Innovation Systems: a Comparative Analysis, Oxford University Press on Demand, 1993.

⑥ 参见路甬祥：《对国家创新体系的再思考》，《求是》2002 年第 20 期。

⑦ 参见柳卸林、马驰、汤世国：《什么是国家创新体系》，《数量经济技术经济研究》1999 年第 5 期。

学者对国家创新体系的构成、影响因素、建设及评价等方面展开了深入研究。

国家创新体系是一个国家的制度框架，涵盖了参与创新和技术变革的公司、大学、研究机构、要素禀赋、金融系统、政府政策、文化传统等内容（周红芳，2021）。[①] 国家创新体系不仅包括制度、市场、教育和研究体系等"软要素"，也涉及物理基础设施、商业基础设施等"硬要素"。同时，国家创新体系的各个组成部分是由一个从投入到产出的链条衔接起来的，或者各个要素之间存在相关作用，共同构成一个复杂的国家创新体系（穆荣平，2019）。[②]

为了促进国家创新体系水平的提升，结合国家创新体系的影响因素，陈劲和尹西明（2018）[③]，陈德金、刘小婧和李文梅（2018）[④]，马名杰（2018）等[⑤] 提出了一系列的建议。从企业、科研机构、高校和人才四个主要方面，郭铁

---

① 参见周红芳:《开放式国家创新体系论》，四川大学博士学位论文，2021 年。

② 参见穆荣平:《国家创新体系与能力建设的有关思考》，《中国科技产业》2019 年第 7 期。

③ 参见陈劲、尹西明:《建设新型国家创新生态系统加速国企创新发展》，《科学学与科学技术管理》2018 年第 11 期。

④ 参见陈德金、刘小婧、李文梅:《创新方法支撑国家创新体系构建的路径》，《科技创业月刊》2018 年第 8 期。

⑤ 参见马名杰:《新时期国家创新体系建设重在解决三大核心问题》，《中国科技论坛》2018 年第 9 期。

成（2018）①、马名杰（2018）等提出要加快完善激励企业创新的体制机制，深化科研机构法人制度改革，正确发挥高校在国家创新体系中的作用、强化政社合作的纽带。罗平等（2006）对比研究了中外国家创新体系，从中找出了我国国家创新体系存在的问题与对策措施。② 盛四辈等（2011）在借鉴前人研究成果的基础上，构建了具有中国特色的战略群式国家创新体系。③ 张凤桐（2008）④、李学勇（2009）⑤等人研究认为产学研合作创新是建设国家创新体系的重要方式。科技部专题研究组（2007）也指出，产学研合作创新是国家创新体系有效运作的重要环节，通过产学研结合可以合理配置产学研各方资源，促进技术创新所需的各种生产要素的有效组合。

综上所述，我国的国家创新体系主要由创新主体、创新基础设施、创新资源、创新环境、外界互动等要素组成，《国家中长期科学和技术发展规划纲要（2006—2020年）》中

---

① 参见郭铁成:《建设引领型的国家创新体系》,《中国科技论坛》2018 年第 9 期。

② 参见罗平、潘荣翠、尚晓慧:《我国国家创新体系探讨》,《经济问题探索》2006 年第 6 期。

③ 参见盛四辈、宋伟:《我国国家创新体系构建及演进研究》,《科学学与科学技术管理》2011 年第 1 期。

④ 参见张凤桐:《产学研合作是提高自主创新能力的有效模式》,《太原科技》2008 年第 9 期。

⑤ 参见李学勇:《在新形势下深入推进产学研合作 着力提升企业技术创新能力》,《中国科技产业》2009 年第 11 期。

指出：国家创新体系是以政府为主导、充分发挥市场配置资源的基础性作用、各类科技创新主体紧密联系和有效互动的社会系统。目前，我国基本形成了政府、企业、科研院所及高校、技术创新支撑服务体系四角相倚的创新体系。而高校科技治理体系部分包含于国家创新体系中，与国家创新体系的其他子系统一道，通过协同创新等模式，实现科技创新的目标；而另一部分则独立于国家创新体系，作为"指南针"不断修正高校的自身发展问题，以保障科技创新的平稳运行。

二、协同学理论在协同效应分析中的适用性

协同强调了各个子系统在合作的前提下，进行有序的交互作用。协同理论认为，一个开放系统中的不同子系统，会在一定的客观条件下，通过彼此之间的相互作用产生相应的协同作用和协调效应，当这种协同作用达到一定的临界点时，系统会通过自组织产生新的有序变化。[1] 协同学理论通过分类、类比来描述各种系统和运动现象中，从无序到有序转变的共同规律[2]，表征了系统内的元素如何

---

[1] 孙清华：《基于价值网的汽车供应链协同管理研究》，北京交通大学博士学位论文，2010年。

[2] 参见仵凤清、付慧娴：《基于自组织理论的创新集群形成机理研究》，《技术与创新管理》2019年第4期。

在适当的外在环境条件下，根据其内在的分合机制，经过竞争合作完成系统相变的组织过程。[①] 系统通过不断适应外界环境而进行自发的改变。系统内部各个子系统之间相互竞争的同时相互协同，才产生自组织，因此，竞合关系是自组织演化的重要条件之一。此外，子系统之间进行的非线性相互作用是形成整体系统有序性的内在根源。在非线性作用下，系统内部发生正、负反馈作用。其中，正反馈促进了各个子系统的协调同步，是子系统之间所产生的协同效应；而负反馈则产生振荡，放大某种涨落，使涨落力大于系统保持稳定演化的惯性力，从而使系统发生不稳定变化。[②]

基于高校科技治理体系与国家创新体系的协同运行系统，是一个由企业、大学、科研机构组成的研发子系统与政府、金融机构以及中介组织组成的保障子系统所构成的开放式系统。子系统内部与子系统之间可以通过资源、能量等的交换与互动，进行非线性作用，从而提升各个组织的有序进化，使科技创新与治理的协同效应由无序走向有序，从而产生"1+1>2"的整体协同效应。

[①] Lauritzen, G.D., Salomon, S. & La, C.A., "Dynamic Boundaries of User Communities: Exploiting Synergies rather than Managing Dilemmas", *International Journal of Technology Management*,2013.

[②] 参见刘永振:《论系统的协同作用》,《中国社会科学》1985 年第 2 期。

三、高校科技治理与国家创新体系协同效应分析

1. 基于序参量支配的"双体系"协同效应过程

序参量是支配系统由无序走向有序的慢变量。在序参量的作用下，高校与国家创新系统中的各个子系统产生协同关系，各个子系统之间的协调水平随之上升，同时提升了序参量水平。在这一循环上升的过程中，序参量一直贯穿其中并支配该演化过程。最终促使各子系统逐步达到有序状态。

高校是创新知识、创新人才的供给方，企业对于知识的需求促使其在系统中寻找合适的高校进行协同合作，而高校的知识转化需求促使其与企业达成共识，完成创新的整体活动。在此过程中，彼此之间的信任促进了知识资源共享行为，同时知识的公开化共享又增进了彼此之间的信任，创新体系中分散化的知识在合作过程中进行整合，有助于多方主体进行创新，实现了知识的协同管理。由于技术创新存在高风险性，而合作创新的多主体参与特征，使不同的创新主体承担了不同的风险，这从很大程度上来说，分散了独立创新的风险。协同创新过程中的有效风险管理机制，降低了单个主体的风险感知，并通过合理的收益进行风险补偿，使创新行为不至于因为高风险而失败。政府作为制度创新主体，同时也是政策发展的推动者。由于市场机制下，创新者无法创造一个完全有利于协同创新发展的市场结构和市场环境，为了克

服市场机制在引导创新方面的局限性，政府作为政策工具的提供者，可以运用经济、政策等方式进行宏观调控，从而促进协同创新的形成与发展。金融机构作为协同创新的资金流供给者，为协同创新活动的开展提供资金及规避风险。由于金融资本的"趋利避害"特征，金融机构可以对创新项目进行更专业化的风险识别，可以在创新风险发生前，对其进行有效的控制。此外，金融机构为协同创新提供的资金支持，也有利于高校、企业等创新组织在短时间内获取充足的创新资源，而创新产生的收益作为金融机构的利润回报，可以使金融机构的资金与创新活动之间，形成良好的循环互动。中介组织（子系统）作为创新的枢纽，对科技创新活动的形成起到了重要的辅助作用。中介组织可以有效地促进异质性主体进行沟通合作，对系统中的信息进行有效集成和管理，并提供专业化的咨询服务，为创新科技成果产业化提供帮助。

在创新过程中，高校、企业、科研院所等不同组织在同一目标下进行创新活动，同时共享资源与创新收益、共担风险。创新组织的要素互补过程，驱动和诱导了简单的合作创新走向协同。创新双方在合作创新过程中，共同投入一定的创新成本，在协作过程中所产生的信任、声誉以及惩罚机制，形成了一定的约束效应，抑制不同组织的机会主义趋向，从而规避了机会主义风险的发生，降低不必要的交易成本。此外，由于创新组织拥有的资源库不同，而创新知识的专业化程度较高，使创新资源在主体中的分布具有一定的有限性，专业化分工使每一个创新主体都拥有了不同的专业知识，合作关系带来的资源互补，使创新主体突破了自身资源的束缚，合作关系带来的分工整合，使创新主体的成本大大降低，也进一步实现了创新资源的拓展，使简单的合作逐步向协同方向发展。不同资源流在高校等创新组织之间流动，使创新组织产生相互非线性作用，不同的作用效果在自组织中产生正、负反馈效应，从而促进或抑制协同创新的发展，使协同创新实现由"沟通——协调——合作——协同"的自组织升级过程，在宏观方面实现了高校科技治理体系与国家创新体系的协同效应。

基于以上分析，高校科技治理体系与国家创新体系共同作用，高校、企业与科研机构作为研发子系统的组成部分，通过合作关系，保持知识、利益等资源的有效流动；政府、金融机构以及中介组织，根据自身的功能不同，为研发子系统的平稳运行，提供保障。在研发子系统与支持子系统内部及子系统之间的合作沟通过程中，形成了相对稳定的组织，同时，高校科技治理的内、外部非国家创新体系的子系统，对协同过程进行纠偏。假设，国家创新系统与高校科技治理系统的动力学方程分别为：

$$\dot{x} = f(x) \tag{1}$$

$$\dot{y} = g(y) \tag{2}$$

在知识互补、利益共享与风险共担的过程中，不同研发主体随着环境不断改变自身的资源获取能力，形成了自我升级过程；与此同时，其他子系统根据自身的使命，促进着科技创新主体的相关创新活动，使各个主体之间出现了互动现象，即由于序参量的支配，使国家创新系统与高校科技治理系统之间产生了耦合作用，其动力学方程随着创新时间的推移，变为：

$$\dot{x} = f(x) + p(x,y) \tag{3}$$

$$\dot{y} = g(y) + q(x,y) \tag{4}$$

创新组织在运行过程中，由于不同的目的而相互作用，最终形成了一个新的二维协同系统，即随着创新主体对外界合作伙伴的能量吸收与交换，他们自身不断变化，从而由原来的稳态达到了一种新的耦合稳态，使不同主体之间进行了整合。在整合过程中，不同主体将受到不同序参量的影响，最终使主体达到新的耦合协同状态。

2. 基于多视角的"双体系"协同效应分析

从国家创新体系的视角分析，该体系中的各类组织（高校、企业、科研院所、政府、科技中介、金融机构等）在序参量的支配下进行创新活动，其创新合作和协调水平随之上升，同时又提升了序参量的水平。随着创新活动的不断推进，处于国家创新体系中的异质性创新主体逐渐进入创新状态，此时，基于资源互补而进行合作的主体，开始进行资源交换、更新。由知识转移、共享所形成的新技术，在社会系统中进行传播。

从高校科技治理体系的视角分析，该体系中的各类子系统（科技创新子系统、科技成果转化子系统、人才培养子系统、公共服务子系统）与国家创新体系中的各个子系统协同运行，在配合其他子系统完成创新活动的同时，不断完善并提升自身体系的完备性，动态调整治理目标。

基于微观个体视角，国家创新体系中的创新主体通过将合作所吸收的新知识转化为技术产品，使创新个体之间的合作与协调水平不断上升，在此过程中高校治理体系中的科技创新子系统持续参与创新活动，科技成果转化子系统与公共服务子系统催化完成知识技术的商品转化过程，人才培养子系统为创新活动提供人力保障；基于宏观系统视角，创新过程中的资源在两个系统中不断扩散，从而提升了整体系统的创新与治理水平。这一循环上升的过程中，作为资源流的序参量一直贯穿其中并支配系统的自组织演化过程，最终结果是促进了各个创新主体之间的合作，使协同创新活动逐步达到有序状态。创新系统中的异质性创新主体，其节点间的合作具有非线性特点。知识流以及技术流在创新组织中进行转移、扩散，对于拥有资源较少的创新主体来说，更具有有益的影响。因此，处于规范运作期间的创新主体，在资源流这一序参量的支配下，进行创新活动，使每个创新节点实现运作高效、管理有序，从而推动创新活动走向自组织协同状态。此外，不可避免地由于内部的不规范活动或外界环境的干扰，协同创新在稳定演化过程中可能产生涨落波动，此种波动通过放大效应产生新的控制序参量——外部支持参量，将反过来支配着创新节点的相互作用，使治理体系中的各个子系统发挥作用。此种循环往复过程不断推进着协同创新的自组织演化过程，进而使各个主体进行协同合作，达到有序状态，最终实现国家创新体系与高校科技治理体系的协同运作。自组织过程如图所示。

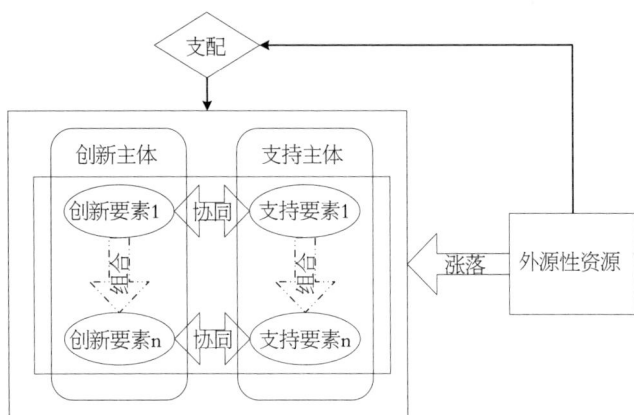

图 3-1 "双系统"协同运行过程

综上所述，高校科技治理体系与国家创新体系的协同运行是一个由资源吸收交换与主体要素互动，并伴随"治理纠偏"的双向协同过程。资源的相互交流使主体自身达到了协同理想状态，同时，随着主体交互关系的变化，不断进行自组织演化，进而达到协同状态。协同创新的竞争优势在于创新主体之间的"关系"产生了正效应。社会资源的禀赋差异及主体的资源整合能力，使创新组织之间存在着"创新势差"，主体为了追求更多的创新利益，不断与处于"高位势"的主体进行学习。由于学习、模仿等关系带来的集聚力远大于单独创新的离散力，创新主体之间的合作关系更加紧密，在信任、共享与利益分配的情景下，合作关系不断紧密，主体之间达成了一致的文化、价值观，合作逐渐走向协同，最终促进了"双体系"的协同运行，达到"1+1>2"的协同效应。

第四章

高校科技创新及治理能力现状调查分析

改革开放以来，高校已经成为国家创新体系的重要组成部分，高校科技创新工作从少数学校发展到几乎所有大学，发展到面向经济社会建设各个领域，取得了显著成就。[①] 尤其党的十八大以来，我国的科技事业发生了历史性、整体性、格局性重大变化，高校作为国家创新体系的重要组成部分，有效支撑了我国教育、科技和经济社会的发展。但是，随着国内外科技创新形势的日趋变化，我们也必须深刻认识到，现阶段我国高校科技治理体系和治理能力仍面临着挑战与问题。本章将对我国高校科技创新及治理发展的成就进行梳理，在此基础上，通过问卷调查，挖掘目前我国高校科技治理发展面临的主要问题。

[①] 《关于印发〈关于充分发挥高等学校科技创新作用的若干意见〉的通知》，见 http://www.moe.gov.cn/s78/A16/s8354/moe_790/tnull_1256.html。

第一节　高校科技创新及治理发展状况

相对于其他社会组织机构，我国大学在科技创新方面具备组织、人才、体制、环境等相对优势，有利于自觉开展原始创新研究和探求客观真理，将自身建设成为推进社会进步的精神家园和思想最活跃、最富创造力的学术殿堂，成为新思想、新知识、新文化的策源地和发展国家科学事业的重要方面军，为经济、政治、文化和社会建设解决面临的重大课题提供科学依据。近十年来，我国高校科技创新力量不断壮大，科技创新能力不断提升，取得了一系列的成就。

一、高校科技创新力量不断壮大

随着国家对高校科技创新发展的重视程度日益加深，我国高校科技创新力量不断壮大，具体表现为高校科技人才及科技经费投入的不断增加。在科技经费投入方面，近十年来（2012—2021 年），高校 R&D 拨入经费从 768.7 亿元增长到 1592 亿元，近十年累计拨入经费总额上万亿元。企事业单位委托科研经费从 2012 年的 391.8 亿元增长到 2021 年的 847.5 亿元，增长超过 116％。高校科技活动中的 R&D 人员全时当量从 20.9 万人年增长到 33.4 万人年，增幅近 60％。创新资源的汇聚为高校原始创新能力跃升和关键核心技术突破奠定了坚实基础。① 同时，近十年来，我国高校战略科学家和领军人才群体稳步壮大，超过 40% 的两院院士、近 70% 的国家杰出青年科学基金获得者都集聚在高校。通过高水平科学研究培养高质量创新人才，支撑了数百万的硕士、博士研究生培养，为国家战略人才力量建设提供了源头活水，为经济社会高质量发展提供了重要人才支撑。

二、高校科技创新能力不断提升

高校在科技创新中不断发挥着创新突破的策源地作用，聚力打造"国之重器"。在神舟飞天、北斗组网、羲和逐日、高速铁路、C919 大飞机、港珠澳大桥等一系列大国工程中，北京航空航天大学、武汉大学、南京大学、哈尔滨工业大学、天津大学、大连理工大学、中南大学、同济大学、西南交通大学、北京交通大学等数百所高校在突破"卡脖子"问题的基础理论和核心技术方面作出了突出的贡献。同时，近十年来（2012—2021 年），高校牵头建设了 60% 以上的学科类国家重点实验室、30% 的国家工程研究中心；教育部主动布局建设了 25 个前沿科学中心、14

---

① 《"教育这十年""1+1"系列发布会第八场：介绍党的十八大以来高校科技创新改革发展成效》，见 http://www.moe.gov.cn/fbh/live/2022/54674/twwd/202207/t20220719_647055.html。

个集成攻关大平台、38 个国家级协同创新中心，布局建设教育部重点实验室、工程研究中心、省部共建协同创新中心超过 1500 个。此外，高校牵头建设了一批国家重大科技基础设施，高等级生物安全实验室和国家野外科学观测台站，初步形成了层次清晰、布局合理、支撑有效的科研平台体系。

三、高校科技成果转化持续推进

我国高校与企业合作呈逐年上升趋势，合作方式已从单纯的技术服务推广向委托研发、联合研发发展，形成了具有一定规模的产学研合作网络。诸如，东北三省装备制造业以一重集团、哈电集团、哈汽集团作为合作创新网络的重要节点，与哈尔滨工业大学、大连理工大学、吉林大学、东北大学和中国科学院大连化学物理研究所等科研院所，建立了联合 19 个省市超过 200 家企业的合作创新网络，利用重要节点在结构洞的桥接地位，创造出提高企业竞争力的知识、产品和服务。北京中关村创新网络以联想、百度、中星微电子等企业为核心，联合北京大学、清华大学、北京航空航天大学等科研院所，形成了以电子技术行业为主导的高技术创新网络，创新网络中的创新主体数目超过 3 万余家，75％以上的企业与企业之间达成了长期合作关系，84.1％的企业与学研机构之间进行长期合作。上海张江生物医药创新网络已形成以 40 多家企业为核心，以复旦大学、中科院上海研究所等科研机构为依托的创新网络。在创新合作不断推进过程中，高校科技转化能力得到提升，近十年来，高校专利授权量从 2012 年的 6.9 万项增加到 2021 年的 30.8 万项，增幅达到 346.4％，授权率从 65.1％提高到 83.9％；专利转让及许可合同数量从 2000 多项增长到 15000 多项，专利转化金额从 8.2 亿元增长到 88.9 亿元，增幅接近十倍①，实现了质、效、能的同步提升。

四、高校科技创新社会服务贡献显著

近年来，我国高校参与的科技创新活动不断为社会、人民的生产生活提供便利。在人民生命健康方面，高校医药创新能力不断提升，特别是新冠肺炎疫情发生以来，高校快速响应，数十所高校万余名科研工作者第一时间投入疫情防控科研攻关，联合企业研发出新冠病毒检测产品百余款，例如，天津中医药大学张伯礼团队研制的宣肺败毒颗粒在缩短新冠肺炎病程方面有着良好疗效。在服务粮食安全和乡村振兴方面，一大批高校充分发挥学校特色优势，助力打赢脱贫攻坚战，与乡村振兴有效衔接，高校牵头承担了 40％的农

---

① 《十年来高校专利转化金额增幅近十倍，实现质、效、能同步提升》，《中国知识产权报》2022 年 8 月 2 日。

业农村领域重点研发计划。据不完全统计，高校培育的新品种覆盖水稻、小麦、玉米、大豆、蔬菜等主要农作物品种，累计推广面积超过 10 亿亩，培训农业技术人员和基层干部超过 200 万人次。

五、高校国际科技交流不断增进

加强与世界一流大学和学术机构的实质性合作，加强国际协同创新，有助于切实提高我国高等教育的国际竞争力和话语权。2011—2021 年来，高校共派出近 40 万人次参与国际科技合作研究，出席国际学术会议人员 174 万人次，更多高校走出国门，深度参与了国际热核聚变实验堆、大洋钻探等国际大科学计划，高校与国外高水平大学和研究机构广泛开展深层次国际合作，建设了 70 多个国际合作联合实验室，成为国际科技合作的重要窗口和桥梁。

第二节　高校科技治理问卷调查分析

一、问卷内容设计

近年来，我国高校以科技治理体系建设和治理能力提升为重要手段，围绕"双一流"建设的目标愿景，不断提高治理效能，构建以学科建设、自主创新、成果转化绩效为杠杆的资源配置模式，优化学科布局，搭建高端科学研究平台，积极承担国家重大战略和重点科研计划项目，在推动学科交叉、产学研融合和关键核心科研成果产出等方面，取得了重要进展。

但是，当前我国高校科技治理体系及治理能力仍面临诸多不适应和严峻挑战，存在不少问题和不足。为了更好地分析现阶段国内高校科技治理体系面临的问题及不足，本书专门设计了调查问卷如下。

《我国高校科技治理体系和治理能力调查问卷》

1. 您认为我国高校科技治理体系和治理能力的总体现状如何（单选题）

   A. 非常不完善　B. 比较不完善　C. 一般　D. 比较完善

   E. 非常完善

2. 您认为我国高校科技治理体系中哪些方面亟须加强（多选题）

   A. 规章制度和政策保障　B. 高校管理体制　C. 科技成果转化和应用　D. 科技人才培育和引进　E. 科研投入（人、财、物力等投入）　F. 科研环境和氛围建设 G. 其他

3. 您认为我国高校科技治理能力中哪些方面亟须提升（多选题）

A. 科技创新基础能力　B. 科技管理能力　C. 科技创新投入能力　D. 科技成果产出能力　E. 科技成果转化能力　F. 科研人才培养能力　G. 其他

4. 影响我国高校科技治理体系和治理能力最重要的三个因素是（多选题）

A. 科技法律法规和政策　B. 高校管理体制　C. 科技成果转化和应用　D. 科技人才培育和引进　E. 科研投入（人、财、物力等投入）　F. 科研环境和氛围　G. 科研基础设施等硬件条件　H. 发达国家科技封锁与威胁　I. 其他

5. 制度层面我国高校科技治理体系和治理能力的状况（单选题）

（1）您认为我国科技创新的法律法规是否健全（　　）

A. 非常不健全　B. 比较不健全　C. 一般　D. 比较健全　E. 非常健全

（2）您认为政府对我国科技创新的政策支持是否充分（　　）

A. 非常不充分　B. 比较不充分　C. 一般　D. 比较充分　E. 非常充分

（3）您认为我国科技创新战略和科技规划是否完善（　　）

A. 非常不完善　B. 比较不完善　C. 一般　D. 比较完善　E. 非常完善

（4）您认为我国科技创新资源配置与条件保障体系是否完善（　　）

A. 非常不完善 B. 比较不完善 C. 一般 D. 比较完善

E. 非常完善

（5）您认为我国科技创新环境和文化氛围（　　）

A. 非常差 B. 比较差 C. 一般 D. 比较好 E. 非常好

6. 我国高校科技治理体系和治理能力的现状（单选题）

（1）您认为我国高校科研经费投入（　　）

A. 非常不充足 B. 比较不充足 C. 一般 D. 比较充足

E. 非常充足

（2）您认为我国高校科研基础设施供给（人力、物力等保

　　障，包括实验室、科研基地、科研设备等）（　　）

A. 非常不充足 B. 比较不充足 C. 一般 D. 比较充足

E. 非常充足

（3）您认为我国高校科研/学术交流与合作机制（高校与

　　高校、企业、科研院所等多元主体的合作）（　　）

A. 非常不完善 B. 比较不完善 C. 一般 D. 比较完善

E. 非常完善

（4）高校科技创新能力评价体系（产出论文、著作、专利

　　等成果的能力）（　　）

A. 非常不完善 B. 比较不完善 C. 一般 D. 比较完善

E. 非常完善

（5）您认为我国高校科技创新成果评价体系（　　）

A. 非常不合理 B. 比较不合理 C. 一般 D. 比较合理

E. 非常合理

（6）您认为我国高校科技创新激励机制（　　）

A. 非常不完善　B. 比较不完善　C. 一般　D. 比较完善

E. 非常完善

（7）您认为我国高校学科交叉、融合的跨学科研究
　　体系（　　）

A. 非常不完善　B. 比较不完善　C. 一般　D. 比较完善

E. 非常完善

7. 关于我国高校科技管理的现状（单选题）

（1）您认为我国高校科技管理体系总体状况（　　）

A. 非常差　B. 比较差　C. 一般　D. 比较好　E. 非常好

（2）您认为我国高校科技管理部门职能设置（　　）

A. 非常不合理　B. 比较不合理　C. 一般　D. 比较合理

E. 非常合理

（3）您认为我国高校科技管理部门的工作效率（　　）

A. 非常低　B. 比较低　C. 一般　D. 比较高　E. 非常高

（4）您认为我国高校科技管理部门运行的公平性和
　　透明性（　　）

A. 非常差　B. 比较差　C. 一般　D. 比较好　E. 非常好

（5）您认为我国高校科技管理部门的科研资源配置（　　）

A. 非常不合理　B. 比较不合理　C. 一般　D. 比较合理

E. 非常合理

（6）您认为我国高校科技管理部门的运行监督机制（　　）

A. 非常不完善　B. 比较不完善　C. 一般　D. 比较完善

E. 非常完善

（7）您认为我国高校科技管理相关部门间合作状况（　　）

A. 非常差　B. 比较差　C. 一般　D. 比较好　E. 非常好

（8）您认为我国高校科技管理部门对各层级科技政策、制

　　度执行效果（　　）

A. 非常差　B. 比较差　C. 一般　D. 比较好　E. 非常好

（9）您认为我国高校 R&D 经费投入状况（　　）

A. 非常不充足　B. 比较不充足　C. 一般　D. 比较充足

E. 非常充足

（10）您认为我国高校科研经费管理（　　）

A. 非常不合理　B. 比较不合理　C. 一般　D. 比较合理

E. 非常合理

（11）您认为我国高校科技管理工作的专业化情况（包括

　　科技管理人员专业化、管理工作专业化等）（　　）

A. 非常差　B. 比较差　C. 一般　D. 比较好　E. 非常好

（12）您认为我国高校科研团队的组建方式（如以实验室、

　　研究中心、科研项目、课题组等方式组建）（　　）

A. 非常不合理　B. 比较不合理　C. 一般　D. 比较合理

E. 非常合理

（13）您认为我国高校科研团队的管理模式（团队内部管

理、与外部组织的沟通合作等）（ ）

A. 非常不合理　B. 比较不合理　C. 一般　D. 比较合理

E. 非常合理

（14）您认为我国高校科研团队的科研保障体系（科研服

务、学术氛围等）（ ）

A. 非常不合理　B. 比较不合理　C. 一般　D. 比较合理

E. 非常合理

8. 关于我国高校科技成果转化体系（单选题）

（1）您认为我国高校科技成果转化中，政产学研合作

状况（ ）

A. 非常差　B. 比较差　C. 一般　D. 比较好　E. 非常好

（2）您认为我国高校科技成果转化率（ ）

A. 非常低　B. 比较低　C. 一般　D. 比较高　E. 非常高

（3）您认为我国高校科技转化中科研平台和中介服务体系

的建设（如产业园、科技园、创新孵化基地等）（ ）

A. 非常不完善　B. 比较不完善　C. 一般　D. 比较完善

E. 非常完善

（4）您认为我国高校科技成果转化和产业化成果考核评价

机制（ ）

A. 非常不完善　B. 比较不完善　C. 一般　D. 比较完善

E. 非常完善

（5）您认为我国高校科技成果转化和产业化激励机制（ ）

A. 非常不完善　B. 比较不完善　C. 一般　D. 比较完善

E. 非常完善

（6）您认为我国高校科技成果转化的产权制度和收益分配

　　体系（　　）

A. 非常不完善　B. 比较不完善　C. 一般　D. 比较完善

E. 非常完善

（7）您认为我国当前高校科技成果转化和产业化的信任与

　　监督体系（　　）

A. 非常不完善　B. 比较不完善　C. 一般　D. 比较完善

E. 非常完善

9. 关于我国高校科技人才引育体系（单选题）

（1）您认为我国高校科研人才培育体系（　　）

A. 非常差　B. 比较差　C. 一般　D. 比较好　E. 非常好

（2）您认为我国高校科研人才引进体系（　　）

A. 非常差　B. 比较差　C. 一般　D. 比较好　E. 非常好

（3）您认为我国高校科研人才服务体系（　　）

A. 非常差　B. 比较差　C. 一般　D. 比较好　E. 非常好

（4）您认为我国高校科研人才考核评价体系（　　）

A. 非常差　B. 比较差　C. 一般　D. 比较好　E. 非常好

（5）您认为我国高校科研人才激励体系（　　）

A. 非常差　B. 比较差　C. 一般　D. 比较好　E. 非常好

（6）您认为我国高校科研人才交流合作体系（　　）

　　A. 非常差　B. 比较差　C. 一般　D. 比较好　E. 非常好

10. 您认为完善我国高校科技治理体系、提升治理能力的
　　关键在于（多选题）

　　A. 激发高校科研人员创新能力　B. 产出科技创新成果

　　C. 加强科技成果转化和应用　D. 改善科研管理工作、提

　　升效率　E. 构建完善的科技保障体系　F. 其他

11. 您认为我国高校科技治理体系和治理能力现代化面临着
哪些突出问题与挑战？

12. 您认为在高校科技治理体系中，不同的治理主体（如高
校、政府主管部门、科技组织、科研机构、科技企业等）应
该发挥怎样的作用？

13. 贵校在科技创新及治理模式探索方面有哪些值得推广的
经验和典型案例？

14. 您对提升我国高校科技治理体系和治理能力现代化的使
命愿景、战略目标、重点任务、关键指标、对策举措等有何
建议？

二、调查问卷分析

　　调查问卷主要面向相关机构发放，最终共收回有效问

卷 1277 份，参与调研的人员包括高等院校、政府职能部门、科研院所、科技组织、科技企业以及其他与高校科技治理相关机构，具体分布如图 4-1 所示。

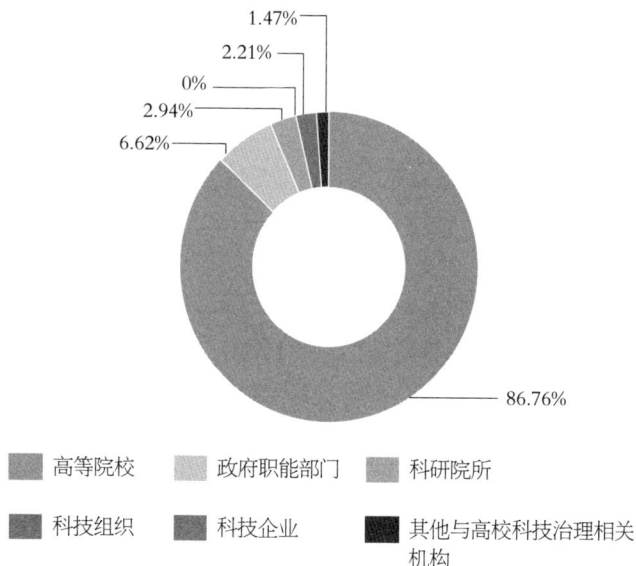

图 4-1 受访者所在机构分布情况

问卷调研显示，70.59％的受访者认为我国高校科技治理体系中科技成果转化和应用亟待加强，69.12％的受访者认为科研环境和氛围建设亟待加强，64.71％的受访者认为高校管理体制亟待加强。科技成果转化、科研环境氛围、管理体制以及规章制度和政策保障，分别排在高校科技治理体系亟须加强的前四位。

A 规章制度和政策保障 54.41%
B高校管理体制 64.71%
C 科技成果转化和应用 70.59%
D 科技人才培育和引进 49.26%
E 科研投入（人、财、物力等投入） 50.74%
F 科研环境和氛围建设 69.12%
G其他 3.68%

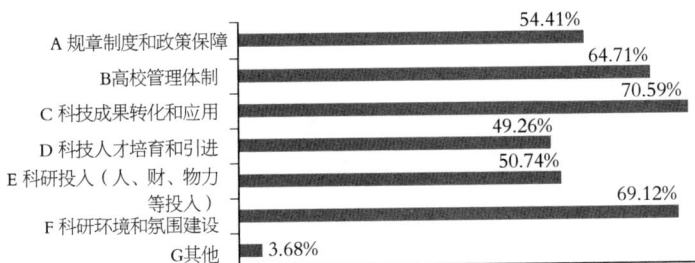

图 4-2 受访者认为当前我国高校科技治理亟待加强的领域

受访者多认为，高校管理体制、科研环境和氛围以及科技成果转化和应用是影响高校科技治理体系的重要因素。

针对制度建设层面，多数受访者认为我国高校科技创新的法律法规、政策支持、战略规划、保障体系和文化氛围方面尚有提升空间，对现阶段的发展持有较为消极的态度。

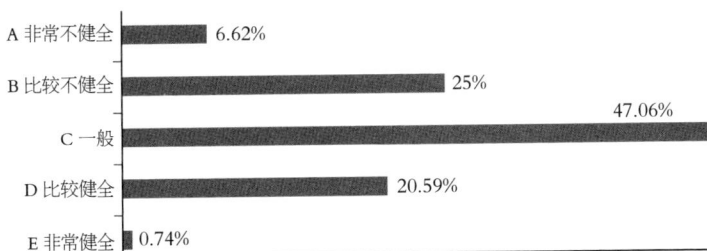

A 非常不健全 6.62%
B 比较不健全 25%
C 一般 47.06%
D 比较健全 20.59%
E 非常健全 0.74%

图 4-3 受访者对当前我国高校科技创新的法律法规
是否健全的态度

A 非常不充分 6.62%
B 比较不充分 12.5%
C 一般 36.03%
D 比较充分 41.91%
E 非常充分 2.94%

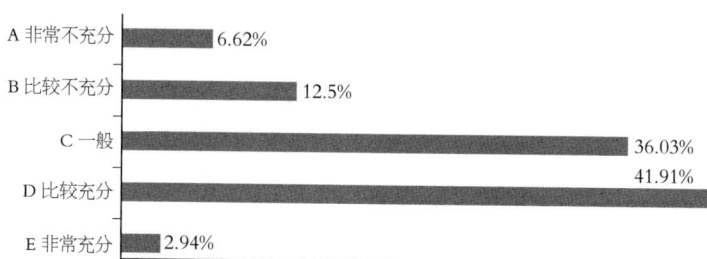

图 4-4 受访者对当前政府对我国高校科技创新政策支持的态度

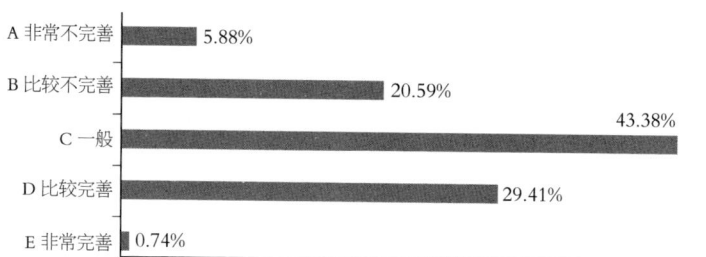

A 非常不完善 5.88%
B 比较不完善 20.59%
C 一般 43.38%
D 比较完善 29.41%
E 非常完善 0.74%

图 4-5 受访者对当前我国高校科技创新战略和科技规划的态度

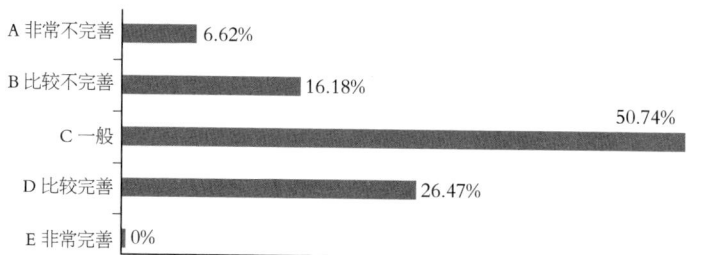

A 非常不完善 6.62%
B 比较不完善 16.18%
C 一般 50.74%
D 比较完善 26.47%
E 非常完善 0%

图 4-6 受访者对当前我国高校科技创新资源配置与
条件保障体系的态度

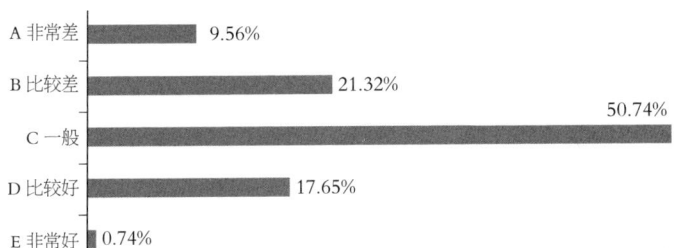

图 4-7 受访者对当前我国高校科技创新环境和文化氛围的态度

针对高校科研经费投入、基础设施建设方面，40％以上的受访者对我国高校现阶段的发展情况比较满意，认为经费与设施投入较为充足。在高校科技合作、高校科技评价以及激励机制三个方面，40％以上的受访者对现阶段发展情况持有较为消极的态度。尤其是针对我国高校学科交叉、融合的跨学科研究体系建设方面，一半以上的学者认为我国在交叉学科研究体系建设方面亟须加强。

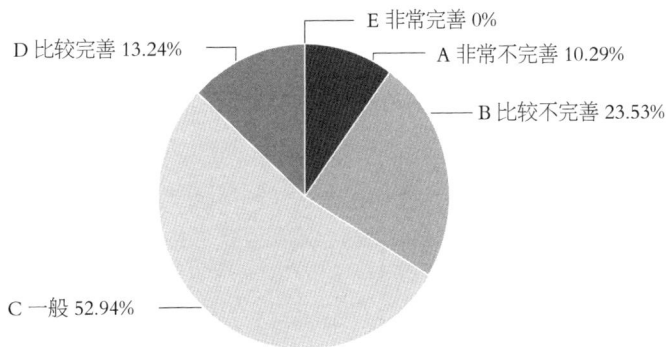

图 4-8 受访者对当前我国高校学科交叉、融合的跨学科研究体系建设的认知

　　针对我国高校科技管理现状方面的调查显示，一半以上的受访者均认为，高校职能部门设置、科技管理运行的公平性和透明性、科研资源配置、运行监督机制、科研团队管理模式存在较大提升空间，现阶段发展并不十分完善。此外，高校科技管理部门的工作效率、高校团队的组建模式也是制约我国高校科技管理发展的瓶颈。

　　针对我国高校科技成果转化的相关问题，近一半以上的受访者认为我国高校科技成果转化，在产学研合作、服务体系建设、考评、激励、监督运行以及利益分配方面尚存有较大提升空间，总体来说，科技成果转化能力及效率是我国高校科技发展面临的最大问题。

　　针对我国高校人才培养、引进方面，大部分受访者均对我国现阶段高校人才培育、引进、服务、评价、激励与合作方面持有消极态度。

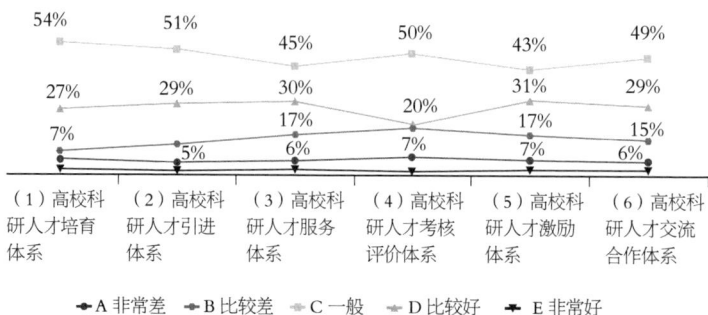

图 4-9　受访者对当前我国高校科研人才发展情况的认知

第三节　高校科技治理面临的主要问题

通过问卷统计梳理发现，从宏观角度分析，现阶段我国高校科技治理主要面临顶层设计不足、创新环境缺乏等问题；从微观角度分析，主要面临高校人才吸引力不足、科技成果转换效率低下等问题。

一、顶层设计缺乏导致政策支持驱动力不足

顶层设计、政策制度、管理规定还不尽完善，存在不少疏漏与空白地带，需要围绕科技强国战略需求和全球政治、经济、科技等不确定性带来的冲击，结合"双一流"建设进程的加快推进，强化高校科技治理的顶层设计和制度体系构建，进一步凸显制度"集中力量办大事"的驱动优势，提升政府、高校、社会三者互动的科技创新综合治理效能。

1.高校科技创新立法、执法与监督存在完善空间

首先，法律政策冲突失衡。在依法治理的框架内，作为基本的法治理论和原则，科技法律理应是科技政策的指导，科技政策应当是科技法律的补充和完善。然而在现有的科技政策中，有时却较少遵循法治原则，甚至超越科技法律所赋予的职权，导致科技法律与科技政策之间不可避免地出现冲突。其次，原则性较强，可操作性较差。我国有些科技法律的规定过于原则，这样可操作性就差，高校科技创新过程中

的依法治理就不理想。由于没有具体措施或实施细则不细，科技法律实施过程中的主观随意性大，自由裁量无限，不仅不能够较好地实现科技立法的目的，还容易导致科技法治秩序的混乱。①

在执法与监督方面，权责不明，救济乏力。高校科技创新执法涉及政府部门较多，这些部门往往在高校科技创新执法方面权责不清，各行其是。同时，我国的高校科技创新执法，也较少地为高校、师生及有关部门和人员设立有效的救济途径，造成当事人诉求无门，这往往会挫伤高校、师生甚至社会力量依法从事科技创新的信心和热情，致使政府、高校、师生以及社会力量等对高校科技创新工作难以形成合力。②

2.高校科技创新的相关配套政策与支持不足

我国支持高校科技发展的规划、政策主要包括教育部出台的《高等学校"十三五"科学和技术发展规划》《高等学校中长期科学和技术发展规划纲要》等，各部委出台的支持高等学校科技创新的政策举措相对较少。高等学校是国家创新体系的重要组成部分，承担着人才培养、科学研究、社会

---

① 参见孙伯琦：《论高校科技创新的依法治理》，《人民论坛》2011 年第5 期。
② 参见孙伯琦：《论高校科技创新的依法治理》，《人民论坛》2011 年第5 期。

服务及创新等多方面职责①，仅仅依靠单独部委的支撑，无法激发全社会的有效资源。地方高校、部委高校的主管部门不同，如何协同各个主管部门之间的力量，调动社会资源，使其与高校科技发展有机结合，是我国高校科技创新发展面临的问题与瓶颈。

二、需求引领不明导致科技成果转化力不足

在我国国家治理体系与治理能力现代化的大背景下，全球新冠肺炎疫情以及复杂的国际局势和当代科技发展的颠覆性、剧变式趋势，对科技创新和科技治理提出了新要求。从科技治理的视角看，高校科技创新领域在瞄准国家重大战略、攻克关键科技领域"卡脖子"、充分发挥学科科研创新优势等方面，还存在重大需求引领力不够、重大平台建设和成果贡献不突出等问题。

我国目前高等教育科技成果推广与转化工作明显较低，西方发达国家教育科技转化率达 60％ 以上，而我国高校教育科技成果转化率仅为 10％ 左右，其中真正落实产业化形成规模的科技成果转化只有 5％ 左右。提升高校科技转化率必须解决的就是人才问题。当前高校科技成果转化面临人才总体规模偏小、结构不完善、复合型人才缺乏、科研成果转

---

① 参见吕建荣：《中国高校科技创新能力的历史与现状》，西北大学博士学位论文，2007 年。

化的意识不强等难题。

1. 雷同化发展，导致可商业化的高校科技创新成果较少

高校是基础研究、人才培养、科技创新的结合点，在科技研发、项目攻关中发挥着重要作用。[1] 我国高等学校是基础研究的主力军，高新技术研发的重要方面军，成果转化与产业化的强大生力军，已经成为国家创新体系的有机组成部分，在创新型国家建设进程中具有举足轻重的作用。高校—企业科技合作是高校科技成果转化、企业获取新技术的主要途径，但是现阶段，"一刀切"的高校评价体系和雷同化的高校发展战略难以发挥高校自身科技工作的特色，严重制约了科研产出的经济社会功能发挥。[2]

2. 产权界限模糊，导致科技成果转化的市场定位不明

高校企业大多数是全资企业，虽然目前的改制工作已经取得了较大进展，很多高校企业已经建立起现代企业制度，但是这些企业中，有些是由高校企业之间相互持股，或者学校股权一股独大，高校处于绝对控股地位。学校的股东权利与行政权力的划分不清晰，高校企业的董事会、监事会成员

---

[1] 参见柳贡慧：《治理之道：发挥高校在科研攻关中的积极作用》，《人民日报》2020 年 6 月 3 日。

[2] 参见汪锦、孙玉涛、刘凤朝：《面向校企合作的中国 985 高校科技发展模式研究》，《中国软科学》2013 年第 6 期。

都是由学校行政管理人员组成，无法摆脱高校行政参与的影子①，导致高校企业对于市场的把控不清晰、不到位，使得一些科技成果无法成功转化，而一些尚不具备商业化的成果上市，浪费了大量的资源。

3. 转化链条断裂，导致科技成果转化的路径阻塞

就源头端而言，大量科技成果"沉睡"在高校、科研院所和大型国企手中，科技成果转化的积极性不高。一是因为科技成果的考核评价机制不健全，高校和科研院所的目的是技术研发，其考核评价体系仍然是更多地关注论文及专利数量，对于科技成果转化应用的重视度不能很好地体现在考核评价体系之中，这使得大量不具备转移转化潜力的科技成果大量存在。在造成科研资源浪费的同时，也严重制约了科研人员投入科技成果转化工作的积极性。同时，高校科研人员由于面临着职称晋升、科研考核等压力，其重心往往侧重于与职称、科研有关的论文发表、纵向科研项目的申报，对需要市场化的科技成果转化，缺乏相应的知识，也缺少相应的转化渠道，往往需要自己去对接企业。这些因素叠加起来，使得高校科技人才对于科技成果的转化意愿不高，在课题结题、论文发表之后，往往将很多成果束之高阁，不愿意将其转化。二是科技成果转化的利益分配机制不完善，科研人员

---

① 参见刘舒平：《我国高校产业发展问题研究》，长安大学硕士学位论文，2011年。

的激励机制不完善。在当前的评价体制之下，高校更为重视学校科研人员的论文数量、课题数量，对此出台诸多激励政策，如论文发表奖励、课题配套经费等。对于科技成果转化激励措施较少，不仅没有相应的经费奖励，而且在职称晋升等方面没有优惠政策，虽然近年来一些高校出台了相应的政策措施，但力度依然不够，无法吸引更多的高校科技人才进行科技成果转化。

就转化链而言，科技创新成果中试熟化阶段薄弱，与优势产业匹配度较低。一方面中试熟化环节投入不足。如调研显示，当前很多高校的科技成果离产业化还是比较远的，但是在高校里面都把它们当作科技成果，没有统一的口径去统计什么样的成果能转化，什么样的成果是不能转化的。但在现实中很多成果是没有办法转化的，必须经过中试熟化之后企业才愿意去投资，很少有企业真正愿意去风险共担的。完整的科技成果转化链条应当包括研发、中试和产业化三个阶段，但目前科技研发投入主要投向高校和研发机构的项目研发阶段，对于中试熟化及其后续环节的资金投入出现断档，使得不少科研成果错失转化的良机。另一方面，对传统产业链升级改造的科技成果有效支撑不足。

4.科技成果转化人才缺失，导致科技成果转化的效率较低

首先，我国高校科技成果转化人才较少。由中国科技成果管理研究会等发布的《中国科技成果转化 2018 年度报告（高等院校与科研院所篇）》显示，2766 家研究开发机构、高等院校中，仅有 9.5%（264 家）的单位设立了专门的技术转移机构，专业化服务能力明显不足，科技成果转化的专业化人才十分缺乏。据教育部科技司《2017 年高等学校科技统计资料汇编》显示，全国 1805 所高校中，教学和科研人员总数有 1027400 人，R&D 成果应用及科技服务人员却只有 45940 人，且 R&D 成果应用及科技服务全时人员只有 27553 人，总数和占比均较低。

其次，高校科技成果转化人才既要懂科研，又要懂市场，还必须具备一定的金融、经济管理、法律等专业知识，由于各高校科技成果转化人才本身体量较小，难以形成多学科背景的专业化团队，复合型科技成果转化人才"一才难求"。①

三、创新氛围欠佳导致机制协同聚合力不足

各级政府、各地高校关涉科技创新及科技治理领域的整体发展不平衡，尚未完全实现从传统科技计划管理到科技创新治理的模式转变，导致科技治理体系相对薄弱，缺乏战略顶层设计和统筹协调机制，管理运行机制不畅，不同程度存

---

① 参见陈珊珊：《高校科技成果转化人才的激励机制研究》，《江苏科技信息》2019 年第 31 期。

在条块分割现象，尚未形成动态协调的高校科技决策治理体系，影响了高校科技协同创新和更多原创性、前沿性、引领性的高水平科研成果产出。

1.科研管理的体制机制创新性不足

目前，大多数高校都实行学校科技处、学院二级科技管理体制下的项目负责人制，学校科研管理部门负责统筹管理，制定有关科研政策和管理规定，组织编制学校科技发展规划，代表学校对全校科研项目进行全过程管理等；学院则负责各自学院的具体科研管理工作，协调本单位项目的人员分配条件保障，对项目完成情况进行考核；项目负责人是科研项目具体实施责任人，在学校和学院两级管理下，对项目组织、人员调配、经费支配、项目实施等独立行使权利。这种机制下，科学研究工作基本处于单兵作战的状态，很难形成强大的凝聚力整合跨学科跨团队的资源，以团队形式从事高水平的科学研究，产出具有高显示度的科研成果。[①]

2.协同创新的文化氛围不足

目前大部分高校协同创新中，普遍不太重视协同创新文化建设。虽然教育部财政部关于实施"2011 计划"的一系列指导性文件中多次强调，要通过大刀阔斧的体制机制改革形成有利于协同创新的文化环境，但是各级各类协同创新章

---

① 参见刘林：《创新驱动发展形势下高校科研的问题与思考》，《科技创新导报》2017 年第 31 期。

程和管理办法，一般都只在条文的最后将"构建自由开放、鼓励创新、宽容失败的学术氛围"一笔带过。这从一个侧面说明协同创新文化建设没有受到足够的重视。其次，各创新主体之间缺乏真正的协同意识，导致对创新资源的共享面窄，协同深度不够。

四、管理目标偏差导致科技评价灵活力不足

科技评价是引导科技资源合理配置、改进科技管理水平、提高公共研发效率和质量的重要保障机制。当前高校科技评价机制难以满足全面提高创新质量的现实需要，成为制约我国科技创新能力提升的瓶颈。各级科研行政管理部门存在"权力垄断"现象，在评价管理的体制上，缺乏系统性、全局性布局，条块分割，信息不通。经常同一项工作被用来重复申报多种资助，科技评价具有导向作用，管理评价的偏差，抑制了高校真实的科研活动，带来的问题层出不穷，逐步固化成一系列广为诟病的问题。评价活动"行政化"严重，在评价指标体系的具体设置上，没有建立适宜的指标点，没有考虑学科差异，而简单地采用同一体系标准，把科研项目数量和经费作为科研内在价值的判断标准，强调成果的外在表象，忽视了成果的质量内涵和对社会的实际贡献。把科学研究等同于产品生产，忽略了科学精神、科研创造、学术品格的培养，是导致科研人员急功近利的诱因和学术不端行为

泛滥的根源。①

目前的高校科技评价中，比较注重对团队核心成员的评价，相对忽视团队一般成员所作出的努力，直接影响了队伍的整体凝聚力，使团队效应难以充分发挥。目前，许多高校在职称评定、绩效考核和岗位评聘中特别强调科研成果作者的排名。以项目评价为例，过分强调项目主持人或杰出青年、长江学者、百人千人等头衔的获得者。就论文评价而言，只有第一作者和通讯作者的贡献才被认可。现行的论文评价制度中面临的一个重要难题是如何对非第一作者或非第一通讯作者的贡献进行认可和评价。评价机制缺乏对整个科研团队工作人员的认可和激励，导致人才优势和团队效应难以充分发挥，科研团队呈现"散兵游勇"的特征。这种片面强调个人贡献的评价机制无法顺应"大科学"时代的基本要求，导致高校科学研究与经济社会发展日益脱节，不利于科研资源的整合和共享。②

五、发展模式单一导致创新人才吸引力不足

1.人才引进的方式方法尚须改进

高校进行人才引进时多采用学校人事处网站发布招聘信

---

① 参见张德福、路晓鸽、李铭娜、陈德云、刘文霞:《基于创新驱动发展战略的高校科技评价机制研究》,《黑龙江工程学院学报》2019 年第 6 期。

② 参见李辉、赵嘉仁:《我国高校科技评价的问题及对策研究》,《中国集体经济》2017 年第 23 期。

息、参加招聘会等传统的招聘方式，这种人才引进方式和渠道比较单一、被动，在时间和空间上也存在很大的局限性，很多优秀的海外人才难以了解到学校的相关招聘信息，错失了很多优秀的海外人才。部分学校在人才引进过程中，缺乏国际视野，引进渠道单一，主要面向的仍是国内博士，引进的海外人才数量只占小部分。此外，在人才引进时缺少柔性，要求高层次人才全职到岗，用人方式不够灵活，很难吸引高层次人才，不利于高校健康快速发展。

高校的部分学院在人才引进中缺乏积极性，仅依靠人事处提供的邮箱简历及现场招聘会带回的简历进行筛选考核，没有充分发挥学院的积极性和主动性。在审核简历环节、面试环节中，由于简历审核不及时，面试时间不确定，导致不能及时将相关信息通知应聘者，时效性不高；在审批报送环节中部分学院在面试、考察后，不能及时递交拟接收博士研究生面试、试讲考核表，影响博士的应聘效率，错失引人最佳时机。

人才引进测评存在片面性。人事部门和学院对应聘人员考核时，侧重考核应聘人员的论文发表、科研项目主持和获奖情况，对人才的发展潜质考察不够，忽视对其心理素质和团队协作能力的考核。由于引进待遇与科研成果、学历学位、职称等挂钩，引进人才比较重视显性科研成果的呈现，且引进人才在入校后会有年底考核及聘期考核，还会面临职称评审，也重视论文、项目、专利等科研成果指标的考核，导致高层次人才入校后重科研轻教学，科研成果重数量轻质量，不重视教学及团队建设，不利于人才学术水平的提高和学校学科发展。[1]

2. 人才队伍建设的可持续发展性较弱

顶层设计不够，临时拼凑现象严重，团队建设功利性强，短视行为严重，缺乏稳定持续的资金及制度保障，大多为"项目式"团队，因项目负责人申报项目需要而临时组成的虚拟团队，实质性合作不多，项目结束后团队基本上也就不存在了，造成一定的资源浪费。大师级科学家缺乏，中青年学术带头人不足。大部分团队学科单一，跨部门、跨院系的团队少，科技人才梯队不完备，现有高校科技团队大多为以学科组为基础形成的单学科的小型交叉团队，社会科学和理工农医等学科组合的大交叉团队非常少见。高水平的专业管理人员和技术支撑队伍不稳定，团队协作精神不够，协同创新的思路缺乏。我国高校现有的管理构架和科技体制机制不利于资源共享，团队发展。缺乏科学合理的团队管理制度，利益分配机制和评价机制等。[2]

---

① 参见邵会婷、杨华春：《"双一流"视角下高校人才引进工作中存在的问题及对策》，《教育教学论坛》2018 年第 49 期。

② 参见张浩、杨阳：《高校科技创新团队建设的问题和对策研究》，《科教导刊（上旬刊）》2018 年第 12 期。

第五章

高校科技治理体系中的伦理治理

　　作为先进文化的重要组成部分，高校科技伦理的发展方向对整个社会伦理道德的建立和完善有着极为重要的意义。随着科学技术负面影响的逐渐显现，越来越多的人已经认识到科学技术绝非是中性和客观的事物，科技和伦理有着密切的关系。科研人员是科技活动的主体，其伦理观念影响科学技术活动的目的、内容和应用。高校科技治理体系中，加强科技伦理治理是高校科技创新发展的必然要求，高校必须把科学研究与社会责任联系起来，帮助科研人员树立伦理意识，确保高校的科技创新保持在正确的轨道上。

第一节　高校科技伦理治理的必要性

一、科学与社会的关系日益紧密

　　大学是科技创新的主阵地，而科技伦理是大学学术活动的发展之基，更是在整个社会伦理体系中有着举足轻重的地位。进入大科学时代后，大学不再是象牙塔，而科学的目标也不仅仅是求真，当代科技创新与社会裹挟发展，不可分离。科学目标要兼顾社会、公众利益，高校也需要将伦理纳入其科技治理的体系，充分考虑各项科技创新活动对人类、社会的影响。科学是人类历史上最重要的成就和事业，科学首先在思想上使人们脱离了愚昧，使我们树立了正确认识世界的方式，使人类能更加自信地面对自然界，掌控自己的命运，照亮我们周围原本黑暗和未知的世界，也就是马克斯·韦伯所说的"为世界祛魅"。科学工具价值的彰显，让科技与社会的关系日益精密，表现为：

第一，社会对科学投入不断增加。在小科学时代，从事科学的人经济上相对独立，无须依赖社会的支持，也无须考虑科学的应用价值。那时的科研设备相对简单和廉价，对科研经费的需求也在个人可以承受的范围内，所以研究经费一般是依靠自己或者他人赞助。但是随着科学研究对实验条件和实验仪器的要求更加严格，高昂的设备和实验费用使得个人资助者已无力承担，比如斯坦福直线加速中心（SLAC）花费近 10 亿美元，加速器占据整个城镇。从社会需求来看，科学已成为推动社会进步的最根本动力。政府代表社会重视对科学投入，引导科研活动服务于社会需求和国家战略，科学成为一项需要全社会支持的事业。面对这些占据国家财政重要部分的科学投入，科学必须回答能给社会带来什么收益，如何避免可能的社会风险。

第二，科学的工具价值凸显。科学的产生和发展与人类对于未知世界的好奇有直接的关系。对未知的好奇是人类本性，人们需要区别不同的事物，对现象给出合理的解释。科学知识满足了人类的好奇心，所以科学最基本的价值就是创造知识，默顿把他所处时代的科学目标描述为"扩展被证实的知识"，科学的价值在于为知识的殿堂添砖加瓦。而经过二战中科学在国防、军事领域的大放异彩，科学的价值不再仅仅是追求知识的增长，还包括科学的应用价值，转向为国家和社会服务。二战后美国组织成立了"联合研发局"（Joint Research and Development Board）替代战时的"新武器和装备联合委员会"（Joint Committee for New Weapons and Equipment），用于研发核动力舰船和飞机、制导导弹、雷达系统等。随后又成立了"武器系统改革小组"（Weapons Systems Evaluation Group），目的在于使国内的物理学家参与国防武器的研发。军事技术的进步也带动了民用技术的发展，如战后大型客机的研发、核电站的建设、计算机应用都利用了战时的技术。此后科学研究的内容更多围绕社会的需求开展，尤其是企业对科学的资助，要求科学成果能够快速转换为市场需求的技术产品。科学已经成为社会经济的重要支撑，管理学家德鲁克指出，后资本主义社会将进入知识社会，知识是最为重要的社会生产要素。①1996 年，世界经合组织发表了题为《以知识为基础的经济》的报告，提出"知识经济"的概念，知识成为新的经济形态，这里的知识主要指的就是科学知识。

二、科学研究具有价值负载

传统科学的认识通常认为科学是价值中立的，科学家在研究中采用客观的态度和科学的方法，不带有感情和价值倾向，所以产生的知识也是客观的，不带有价值负载的。科学知识的客观性表现为其有效性不随人的价值判断而变化，科学知识具有普适性，能被不同科学家在不同地方确认。科学产生的负面后果是由于不合理的应用，与科学本身无关，科学只是一种工具。"正如地心引力对于跳楼自杀或者他杀不负道义责任一样。所以科学规律本身是价值中立的，科学真理是价值中立的。""科学既不可以，也不能够进行价值评估……它既不可以，也不能够决定什么值得知道，什么不值得知道"。② 科学不能给出价值判断的答案，科学生产的是"纯知识"。休谟在《人性论》中阐述了"是"与"应该"

① ［美］彼得·F.德鲁克：《后资本主义社会》，付振焜译，东方出版社 2009年版，第 6、14 页。

② 张华夏：《科学本身不是价值中立的吗?》，《自然辩证法研究》1995 年第7 期。

两个命题的区分，后来人们认为休谟在这里区分了"事实判断"和"价值判断"，这两个命题不能相互推出，属于不同的维度，"道德上的善和恶，不可能是由理性造成的"[①]。科学是理性的事实命题，所以任何通过价值判断的结果，都不能归因于科学。但是，随着人们对科学认识的加深，科学的价值中立受到越来越多的质疑和挑战。主要来自科学内外两个方面。

从科学的内部看，科学具有价值负载。首先科学方法论本身不是价值无涉的，"为了发现和研究原子连锁反应的秘密，科学方法倾向于做原子弹实验，为了了解毒气对人体的影响，科学方法倾向于拿人来做实验"。其次，观察过程是理论负载的，观察是获得经验事实的最基本手段，依靠我们的感官刺激来获得的认识。观察一直以来被认为客观的过程，是科学客观性的最基本保证。但是美国科技哲学家汉斯提出"观察渗透理论"，他指出，我们的感官对外界的感知并不是客观的，我们有自身的背景知识。这些背景知识决定着我们看到了什么，更准确地说是我们如何报告我们的观察，我们以往的经验影响着我们如何去解释我们的感知。[②] 在科学观察中，理论作为科学家的背景知识决定了他

① ［英］大卫·休谟：《人性论》，石碧球译，中国社会科学出版社 2009 年版，第 328 页。
② 高炜：《汉森科学哲学思想研究》，南开大学博士学位论文，2013 年。

们观察到了什么现象和如何作出解释。比如日心说和地心说的支持者们，同样看到了太阳东升西落，却可以得出完全不同的解释。另外，科学知识的产生过程也证明科学知识并非是经验事实的必然逻辑推论，拉图尔（Bruno Latour）和伍尔加（Steve Woolgar）对实验室的科学家进行观察发现，研究人员会对科学陈述进行加工。有些陈述被其他科学家拒绝借用或者引证，于是成为一个失败的研究；当一个陈述被频繁借用和重新应用时，很快它就不再是争论的对象，而一个科学事实就此构成。所以科学本质上是建构的，受到科学家价值判断的影响。此外，科学的评价过程，也就是默顿强调的"有组织的怀疑"，通常被认为是确保科学产出质量的重要环节，然而科学知识社会学（SSK）的开创者布鲁尔认为，评价过程也受到了社会因素的影响。19世纪中叶自然发生学说颇为流行，这种观点认为有机物质可以从无生命中自发产生。法国巴黎科学院通讯院士普歇做出了支持自然发生学说的实验，而理论竞争者巴斯德也做出了支持非自然发生学说的实验。双方都难以推翻对方的结论，一时间难分胜负，最后法国科学院委员成员裁决支持巴斯德的结论。因为大部分评委持非自然发生学说的观点，最终评委的个人价值取向决定了结果，而非基于实验的事实。最后，科学在应用过程中，也并非是一个中立的工具。按照地方性知识的观点，科学应用的本质是把自然界实验室化，这一过程破坏了外界环境原本的结构，是人类意志在自然中的体现。所以传统上认为科学家在研究中排除了个人的喜好和价值倾向等社会因素是经不起推敲的，也不符合科学史。

从科学的外部看，科技面临伦理价值的拷问。随着基因编辑、人工智能等技术的出现，科学研究与人的关系越来越紧密，有些研究对象就是人类本身。如果以科学价值中立为挡箭牌，无节制地开展研究，将会给人类带来灾难。科学研究和应用之间的界限越来越模糊，许多研究的目的直接指向应用，科学研究本身就已经界定了其成果的应用方式和范围，所以不能忽视科学研究中科学家的价值取向对外界的影响。另一方面，科学对社会经济的贡献更为直接，企业与大学合作的加深，在生物制药等一些领域，企业成为科学投入的重要主体，如制药企业阿斯利康（Astra Zeneca）每年全球的研发经费超过 20 亿美元，1999 年加拿大企业对医药研发的投入是国家医药研究院的 50 倍。[1] 企业对科学投入巨大，必定要期待相应的回报，如果科学研究的结果会损害企业利润，企业很可能干涉科学成果的研究。[2] 还有一些科学家由于持有企业股份或者自己创立企业。这些都对科学履行其社

---

[1] See Hailey, D., "Scientific Harassment by Pharmaceutical Companies: Time to Stop", *Canadian Medical Association Journal*, 2000.

[2] 参见文剑英、王蒲生：《科学与社会互动视域下的利益冲突》，知识产权出版社 2013 年版，第 128 页。

会责任构成挑战。

总而言之，科学研究无论从科学内部还是外部分析，都很难保持价值中立。从根本上讲，科学并不是独立于社会的体制，科学是一项社会事业，与社会紧密相关，所以必然受到社会的影响。科学家也不是独立于社会的个人，科学家是具有价值判断和情感体验的个人，这些价值和情感会成为科学家从事研究活动的背景知识，都会有意、无意的影响其研究结果。所以科学的价值中立性不复存在。我们要关心的问题是如何保证非价值中立的科学符合社会的利益，而不是服务于个人的利益和偏好。这就要求高校在科技发展的过程中充分考虑科技伦理问题。

第二节　高校科技伦理治理的历程

科技伦理是指科技创新活动中人与社会、人与自然和人与人关系的思想与行为准则，它规定了科技工作者及其共同体应恪守的价值观念、社会责任和行为规范。高校科技伦理治理主要表现为两个方面：科研诚信和科研伦理。科研诚信要求研究人员在学术活动中坚持诚实、公平等基本行为准则，不得弄虚作假。科研伦理要求研究人员遵循科学共同体公认的行为准则或规范，及时调整自身与合作者（包括其他科研人员、资助者、受试者、社会公众／消费者）、科研人员与物（包括试验动物、生态环境等）之间的关系，合乎伦理地开展研究工作。高校科技伦理治理作为全社会科技伦理治理体系的一部分，与整个社会的科技伦理治理共同演进。

一、高校科研诚信问题治理的历程

为了促进科学事业的繁荣，国家对科学投入了大量的资源，其背后隐含的前提是科学研究按照科研诚信的规范开展。科研诚信是科学有序发展的基石，科研人员只有深刻理解科研诚信的内在要求，在科研活动中恪守特定的价值观念、社会责任和行为规范，才能真正做出有价值的成果。科学研究是以诚实守信为基础的事业。近代科学诞生以来，科学社会逐渐形成了一套约定俗成的行为规范和准则，以及自我净化的机制。然而，20 世纪 70 年代以来，科研诚信问题最先在美国的高校和科研机构中得到重视，随后成为各国学界共同面对的挑战。鉴于科研不端对科学事业发展所产生的消极影响，高校的科研诚信治理日益成为科研管理的重要内容。

中国对科研不端问题的关注并不晚。早在 1981 年邹承鲁、张致一等中国科学院学部委员就曾共同发起了关于开展"科研工作中的精神文明"的讨论的倡议。20 世纪 80 年代，中国的科研不端现象逐渐浮出水面，出现了王洪成事件、牛满江事件、刘亚光事件等科研不端案件。科学道德问题在我国开始受到关注。这期间也出现了一些敢于直言、维护科学精神的科学家，如邹承鲁、何祚庥等。到了90年代，科研不端问题得到科学界的广泛关注，原因有两个：一是美国盖洛案、巴尔的摩传入中国后，引发了国内高校对科研不端问题的讨论；二是学界对李富斌事件的反思。① 这一时期中国科学界虽然纠正了一些科研不端案件，但是未形成制度化的措施来应对科研不端问题。

2000年之后，上海交通大学原微电子学院院长陈进教授科研造假引发的汉芯事件（2006）是中国科研不端政策的转折点。在汉芯事件之前，政府没有发布专门的科研不端政策；在汉芯事件之后，科技部出台了《国家科技计划实施中科研不端行为处理办法》（2006），这是中国政府部门出台的第一部专门针对科研不端行为的管理政策。此后相关部门的科研不端政策陆续出台，如教育部、卫健委、社科院、中科院、中国科协等。中国科研不端管理逐步开始制度化。高校和教育主管部门针对科研诚信治理也作出了诸多努力，2009年以后，教育部、国务院学位委员会先后出台《关于严肃处理高等学校学术不端行为的通知》（2009）、《关于在学位授予工作中加强学术道德和学术规范建设的意见》（2010）、《关于切实加强和改进高等学校学风建设的实施意见》（2011）、

① 参见李真真：《转型中的中国科学：科研不端行为及其诱因分析》，《科研管理》2004年第3期。

《学位论文作假行为处理办法》（2012）等文件，进一步规制科研不端行为。2016 年教育部首次以部门规章的形式印发《高等学校预防与处理学术不端行为办法》，提升了科研不端政策的效力层次。2017 年中共中央办公厅、国务院办公厅印发了《关于深化职称制度改革的意见》，提出探索建立职称申报评审诚信档案和失信黑名单制度，纳入全国信用信息共享平台，要求高校完善诚信承诺和失信惩戒机制，实行学术造假"一票否决制"。2017 年教育部颁布新修订的《普通高等学校学生管理规定》，将恪守学术道德规定为学生应该依法履行的义务，对学术不端和学术造假行为给予严厉处罚弘扬科学精神、恪守诚信规范逐渐成为共识。但在这一时期科研不端政策都是由高校的上级部门从自身视角制定，这导致不同政策在科研不端定义、查处程序等方面有不同标准，缺乏协调性。

尽管科研诚信的重要作用不言而喻，但是违背科研诚信的问题在我国高校却是一个长期存在的现象。近几年，出现了多起涉及中国学者的大规模撤稿事件。2015 年 3 月，英国 BMC 出版社撤回 43 篇论文，其中有 41 篇来自中国学者。2015 年 8 月，全球学术期刊出版巨头斯普林格（Springer），宣布撤回旗下 10 个学术期刊已经发表的 64 篇论文，而这些文章全部出自中国作者。2015 年 10 月，作为拥有包括《柳叶刀》《细胞》等知名学术期刊的爱思唯尔撤销旗下 5 种杂志中的9篇论文，这9篇论文全部来自中国高校或研究机构。2017年4月，施普林格发表声明，宣布撤回旗下《肿瘤生物学》期刊107篇发表于2012年至2015年的论文。这些论文全部来自中国作者，撤稿原因是同行评议造假。①②2017年6月，施普林格宣称其针对107篇撤稿问题展开彻底调查的过程中，关注到发表在该集团旗下另一学术期刊《分子神经生物学》（*Molecular Neurobiology*）上10篇问题论文，并宣布撤回这10篇中国医学论文。③ 这表明高校科研诚信治理工作仍然有待提高。

随着中国在国际期刊发表量的迅猛提升，违背科研诚信的现象冲击了学界的科研秩序。虽然有研究发现那些科学论文增长迅猛的国家通常科研不端行为的发生概率较高，主要表现为论文的撤稿现象。印度、墨西哥、伊朗、巴西等发展中国家都是撤稿比例较高的国家，美国、日本也曾发生过集中撤稿的现象。但是，今天中国的问题尤为突出。这给中国高校的学术声誉造成了不良影响。

---

① Kulkarni, S., "Springer Announces Mass Retraction of 107 Papers by Chinese Authors",https://www.editage.com/insights/springer-announces-mass-retraction-of-107-papers-by-chinese-authors/1493198456.

② 参见《学术之耻！107篇中国学者论文涉嫌造假，遭撤稿！》，https://www.sohu.com/a/136035216_219485。

③ 参见《被国际期刊疯狂撤稿，我国医学论文还有救吗?》，https://www.sohu.com/a/392772250_120604158。

为了进一步遏制这种势头，更有力度的管理政策提上了政府日程。2018 年 5 月中共中央办公厅、国务院办公厅印发《关于进一步加强科研诚信建设的若干意见》(以下简称《若干意见》)，为科研诚信问题的管理提供了顶层设计和指导原则，着重提出了推进科研诚信制度化建设的要求。2018 年 11 月，41 个单位联合印发《关于对科研领域相关失信责任主体实施联合惩戒的合作备忘录》。在《若干意见》的指导下，2019 年 9 月，二十部委联合发布处理规则，为查处科研不端行为提供了指导和依据。我国高校科研诚信管理的上位政策已逐渐完善。

二、高校科研伦理问题治理的历程

高校科技创新是对未知的探索，不仅蕴含着巨大能量，也意味着没有伦理约束的科技可能会蕴含巨大风险。前沿科技迅猛发展在给人类带来巨大福祉的同时，也不断突破着人类的伦理底线和价值尺度。如何让科学始终向善，是人类亟须解决的问题，更是高校科技治理的重要方向。

相比于现代科学研究从 16、17 世纪科学革命以来的几百年历史，科研伦理治理则是二战之后的事情，仅有几十年的历史。研究活动中的伦理要求首先出现在临床医学领域，其原因与二战中纳粹科学家不道德的研究行为有关。第二次世界大战时期，德国纳粹科学家以科学之名义，用犹太人、战俘等作为实验对象，开展非人道的人体实验（如为了研究器官功能进行活体解剖，为了测试毒药效果在实验对象食物中投毒等），造成实验对象的大量伤亡。战后有一些医学战犯被移交纽伦堡国际军事审判法庭，罪名为未经参与人同意的情况下进行惨无人道的实验。一些德国医生在为自己辩护中指出，他们所做的实验与二战前美国和德国科学家所做的实验没什么不同，并且没有任何国际法规或非正式声明来区分合法的与非法的人类被试实验。这一辩护理由，给两名参与审判工作的美国医生带来很大忧虑。1947 年 4 月 17 日，其中一名医生亚历山大博士向美国国会提交了一份针对战犯的备忘录，列出了定义合法医学实验的 6 条标准，随后这一备忘录的内容被修改为 10 条，并被命名为可接受的医学实验，也就是著名的《纽伦堡公约》(*Nuremberg Code*)。1947年《纽伦堡公约》确定了 10 条原则，这些原则构成了人体医学实验的基本伦理规范，如人体被试应自愿同意参加实验研究，实验必须是有益于社会福祉的，并且是其他研究方法不可实现的，实验过程必须避免所有不必要的身心损伤等。1948 年世界医学会在希波克拉底誓言的基础上制定了《世界医学会日内瓦宣言》(*Declaration of Geneva*)。希波克拉底誓言在欧洲盛行了两千多年，对从事医学职业的人提出了职业道德要求。在《纽伦堡公约》的影响下，《世界医学会日内瓦宣言》也进一步对医师职业提出了"即使在威胁之下，我将不运用我的医学知识去违反人道""我将会保持对人类生命的最大尊重"等要求。

第一个完整的医学研究伦理规范是 1964 年在芬兰赫尔辛基第 18 届世界医师会大会会议上通过的《赫尔辛基宣言》（*Declaration of Helsinki*）。这是医学领域对临床研究进行自我规范的重要基础文件，它整合了 1947 年发布的《纽伦堡公约》和 1948 年发布的《世界医学会日内瓦宣言》的主要内容，但比《纽伦堡公约》更加完善。《赫尔辛基宣言》确立的一些原则和管理方式对日后的科研伦理治理产生了深远影响。比如医学研究的目标不应优先于个体研究受试者的权利；研究前要对潜在的受试者充分告知，确保受试者理解信息，并获得受试者的同意；在研究开始前，研究方案必须提交给相关的研究伦理委员会审核、批准等。截至目前，《赫尔辛基宣言》已修订了 7 次，最后一次是 2013 年 10 月。《赫尔辛基宣言》发布之后，研究伦理问题得到广泛关注。但这些科研伦理原则和要求，由于缺少详细具体的实施规范，并没有被彻底贯彻执行。20 世纪 50 年代之后，美国又出现了多起违反人道主义的人体实验，如塔斯基吉梅毒实验。这些丑闻促使美国国立卫生研究院着手规范临床研究。1953 年美国颁布了世界最早的临床研究指南，并在医学院开始设立审查委员会，1966 年制定的《保护受试者政策》更是将保护受试者的要求提升为强制性规定。

　　科技伦理治理发展的第二条线索来自基因领域的研究。在这一领域有两件里程碑事件，对推动科技伦理治理发展至关重要。一是阿西洛玛会议。20世纪70年代随着重组DNA技术的建立，人们开始担忧携带重组基因的细菌，可能会从实验室传播到人群中，发生遗传信息跨越物种的传递，从而引发生物安全问题。媒体的推波助澜更是引发公众对于这一问题的恐慌。为了回应科学界和公众的担忧，1975年科学家、媒体及律师等人员，在阿西洛玛召开国际会议，讨论重组DNA的研究问题，最终会议通过了预防研究风险的指导性原则，明确了禁止从事的实验等内容。这次会议是科学家自觉开展科技风险治理的一个范例。随后美国国立卫生研究院设立了DNA重组技术建议委员会，以更好地管理这一领域的研究风险。二是人类基因组计划。人类基因组计划发起的动因要追溯到二战中曼哈顿计划成功后科学家对广岛和长崎核辐射幸存者的关注。为了研究辐射的影响，美国研究人员对辐射受害儿童进行基因突变的检测，但是由于缺少大量的样本进行对照，研究人员无法辨别出DNA结构的变异。为此，1984年12月负责此研究的美国能源部和国际预防环境诱变剂和致癌剂委员会召开会议讨论检测基因变异的新方法，并提出对人类基因组进行全序列测定。在这一构想的推动下，1986年美国能源部正式宣布了人类基因组计划。但是这项计划引发了一系列争议，其中就包括对计划引发的伦理、法律与社会问题的担忧。于是人类基因组计划第一次在大型科学研究项目设立专门研究其社会影响的子项目，即伦理、法律和社会问题（ELSI）研究。这表明科学研究越来越重视其所带来的问题，对这些问题的治理也逐渐成为了研究所关注的重点领域。ELSI 研究计划为科技伦理治理的研究开启了新的思路，使得科学界在开展与人类关系密切的前沿课题时，都不能再回避科技伦理问题。

西方国家的高校在科技伦理治理方面起步早，确立了将伦理审查作为重要科技伦理管理方式的治理的重要路径。我国在 1995 年原卫生部颁布的《临床药理基地管理指导原则》中提出了设立伦理委员会的规定。经过二十多年的发展，我国关于伦理委员会制度的法律规定不断完善，主要体现在《人体器官移植条例》《涉及人的生物医学研究伦理审查办法》《人类辅助生殖技术和人类精子库伦理原则》《药物临床试验伦理审查工作指导原则》等法规中。《涉及人的生物医学研究伦理审查办法》是为保护人的生命和健康，维护人的尊严，尊重和保护受试者的合法权益，规范涉及人的生物医学研究伦理审查工作制定。但是科技伦理问题在我国仍然存在，从近几年科技创新领域的一系列新进展和新动态来看，强化科学伦理审查、捍卫科学伦理，已具有相当的紧迫性。国内近几年就有两起标志性事件。2017 年 11 月，被称为世界首例的头颅移植手术实验由中外医生联合在哈尔滨实施，引发普遍的医学伦理担忧。2018 年南方科技大学科学家贺建奎宣称通过基因编辑技术，修改了胚胎中的 CCR5 基因，使一对双胞胎女婴拥有 HIV 免疫力，在全球引发轩然大波。这一研究遭到国内外学界的一致批评，因为这项研究还不成熟，可能给女婴带来意想不到的严重后果。

这些伦理事件反映出中国高校伦理审查委员会仍存在不少问题。中华医学会曾在全国范围内做了一个关于伦理审查委员会的问卷调研，发放机构多是国内较著名的高等医药院校、较大的医疗机构、生物医学研究机构等。调查显示 59％的伦理审查委员会的主任是研究机构的院长或书记。不像欧盟等国伦理委员会设立于研究机构之外，我国伦理委员会多数设立于机构内部，委员的组织多为机构内部人员，审查项目也均为本院开展的临床试验。在伦理评审过程中，会议场地一般设在研究机构内的会议室，院外人员如律师、伦理专家、社会人员等受邀参会，但由于专业领域限制、人员占比少，使得占主场位置的本院伦理委员会在会议评审中占据主动、优势地位，伦理委员会在成员结构、利益关系上难以保持独立，影响评审结果的客观公正。

随着科技全面发展，仅有医学领域的伦理审查已远不能满足现实的科技伦理审查需要。为了应对日益突出的科技伦理问题，2019 年 7 月，中央全面深化改革委员会第九次会议审议通过了《国家科技伦理委员会组建方案》等 11 个方案或意见。会议指出，科技伦理是科技活动必须遵守的价值准则。组建国家科技伦理委员会，目的就是加强统筹规范和指导协调，推动构建覆盖全面、导向明确、规范有序、协调一致的科技伦理治理体系。一些高校也积极响应，将医学伦理委员会升级为科技伦理委员会。例如，2020 年 6 月，上海交通大学设立了科技伦理委员会，这一举措有利于完善高校内部的科技伦理审查，进一步保护受试对象的安全、福利及提高研究结果的可信性，更好地推动科研项目的健康发展以及相关技术的正确运用。

第三节　高校科技伦理治理的经验

一、高校科研诚信问题治理的经验

高校研究活动的科研诚信问题遍布整个科研活动，包括了从科学研究最初的设想提出、计划形成、课题申报、经费使用，到数据记录、处理、成果发表，再到奖励和荣誉等申报和推荐等全过程。高校学术问题的具体表现主要包括：捏造、篡改、抄袭、剽窃、伪造简历、基金申请书作假、基金评审中的利益冲突、套用经费、论文买卖等。例如，在科研课题设计和申报的过程中，部分研究者为了获取课题而弄虚作假，违反了诚实、客观等原则，骗取科研资源；在研究过程中，存在着剽窃他人成果、篡改实验数据或杜撰等行为；此外还有滥用科研经费、科研经费造假等；在成果发表中，存在着署名不当、隐瞒不利结果、一稿多投、侵犯或损害他人著作权等问题。为了遏制学术不端行为高校已经形成了一些治理经验和措施，包括且不限于以下四方面。

第一，完善科研不端治理的政策体系。高校科研不端治理政策体系包括了高校内部政策和上位管理政策。完善科研不端治理政策是各国应对科研不端行为的一般经验。美国从20世纪80年代率先制定学术不端治理政策，既有美国卫生部、国家自然科学基金等资助机构的政策，也有高校层面的政策。例如哈佛大学的14个学院中有11个出台了适用于本学院的学术不端治理政策，哈佛大学的学术不端治理相关政策共有40项。① 在国内，从高校的上位政策来看，仅科技部、教育部、国家自然科学基金等部委发布的相关政策就多达几十项。从高校层面的政策来看，我国36所A类"双一流"高校制定了160余项与科研诚信相关的政策文本，如《浙江大学学术不端行为查处细则》《北京大学教师学术道德规范》《北京航空航天大学教师学术道德规范及管理暂行办法》等。然而我国的科研诚信问题仍然比较突出，高校作为学术人才的培养基地和创新活动的主体，应当在科研诚信治理中发挥

① 参见崔理华、张红伟、孙岳:《世界一流大学科研诚信治理体系的特征及启示——以哈佛大学为例》,《科学与社会》2020年第2期。

更大的作用。

第二，利用学术不端检测系统开展检测。文本剽窃是常见的科研不端行为，为了遏制这种现象，中国知网、万方、维普等服务商都开发了学术不端检测系统。以中国知网为例，其从 2006 年开始正式立项研发学术不端文献检测系统，经过三年研发，实现了大规模应用。这一检测系统通过与中国学术期刊网络出版总库、中国博士论文网络出版总库、中国优秀硕士论文网络出版总库、中国报纸全文数据库等内容资源进行比对，识别可能的学术剽窃行为。这种学术不端检测方式（也被称为"查重"）目前已广泛应用于高校学位论文审查、期刊发表等学术环节。但是随着学术不端检测系统的推广，也出现"反查重"现象，如一些研究者将抄袭论文预先检测，根据检测结果修改后，再正式提交，这种做法在一定程度上规避了学术不端检测。为了应对这种挑战，提供学术不端检测的服务商一方面从技术入手，优化学术不端检测系统的算法，以识别为规避"查重"而进行简单的词句修改；另一方面从管理入手，如中国知网的学术不端检测系统仅向机构提供服务，且仅限于检测本单位文献，限制了个人预先进行学术不端检测的"反查重"行为。

第三，科学家和期刊主动发现学术不端。高校是期刊管理的主要单位之一，而期刊是科研诚信的守门人。在论文发表阶段，学术期刊通过发布明确的学术不端治理政策，开展学术不端检测、审稿等过程，可以发现学术不端的蛛丝马迹，以此为线索，进一步调查确认。例如，在论文外审过程中，同行评议专家较为熟悉领域内的成果，可能会发现重复发表等学术不端行为。科学家在阅读文献过程中或合作研究过程中，主动发现并检举也是发现学术不端的重要方式。已有研究指出，举报是目前发现学术不端最重要的方式。①2012 年成立的 PubPeer 网站成为科学家发现学术不端的重要平台，它鼓励科研人员匿名对已发表的论文进行评论，相当于一个科学论坛。只要学者拥有 PubPeer 的账号，都可以对已发表过的论文进行评论，包括对学术不端的质疑。例如，2014 年，在日本学者小保方晴子的学术造假事件被曝光之前，就有学者在 PubPeer 上对其论文提出了质疑。Retraction Watch 也是与学术打假密切相关的网站，最初是由学者亚当·马可斯（Adam Marcus）跟伊凡·欧安斯基（Ivan Oransky）在 2010 年成立的一个报道撤稿情况的博客。2014 年 12 月，麦克阿瑟基金会提供了 40 万美元的经费用来帮助扩大调查内容。如今，该网站关注的是撤稿文章背后更广泛、更具系统性的问题。

第四，改变学术评价机制。许多研究都指出，中国学术不端问题的重要诱因是不合理的评价机制。由于学术评价的

① 参见和鸿鹏、王聪、李真真:《美国科研不端举报人保护制度研究》,《中国科学基金》2015 年第 4 期。

结果对职称晋升、岗位聘任、评奖评优等方面起着关键作用，不合理的评价方式影响正常的学术生态，进而诱发学术不端问题。为了从根本上扭转学术不端的发展态势，近几年国内各级管理部门已从政策端发力，着力改变不合理的学术评价局面。2018 年 5 月中共中央办公厅、国务院办公厅印发《关于进一步加强科研诚信建设的若干意见》之后，7 月又印发了《关于深化项目评审、人才评价、机构评估改革的意见》，2019 年 6 月印发《关于进一步弘扬科学家精神加强作风和学风建设的意见》，这些文件都提到了评价制度改革。为了改变学术评价过渡倚重 SCI、影响因子、文章数量、荣誉头衔等问题，2020 年 2 月科技部会同财政部研究制定《关于破除科技评价中"唯论文"不良导向的若干措施（试行）》，教育部、科技部联合印发《关于规范高等学校 SCI 论文相关指标使用树立正确评价导向的若干意见》。2020 年 7 月，人力资源社会保障部办公厅、教育部办公厅发布《关于深化高等学校教师职称制度改革的指导意见（征求意见稿）》，指出"克服唯学历、唯资历、唯'帽子'、唯论文、唯项目等倾向"，要实行分类分层评价、推行代表性成果评价等创新评价方式。

二、高校科研伦理问题治理的经验

研究活动各阶段有不同的伦理规范，违反这些规范将可能导致伦理问题。首先，在科研课题设计和申报的过程中，高校研究人员要对研究潜在的生态风险、人身伤害等方面进行评估，设计合理的研究方案，确保研究活动不违反社会的基本规范和道德，并根据要求进行相应的伦理审批。其次，在涉及人的研究活动中，应当保证尊重、不伤害、有利和公正等伦理原则。例如贯彻知情同意原则，保证受试者真实、充分地知情，在知情的前提下，受试者必须明确表示自愿同意参加，才能在其身体上进行人体实验。最后，在研究成果的应用过程中，科研人员应关注科研成果应用过程中产生的社会风险，并通过技术开发、科普宣传等方式降低科技应用过程的负面影响，同时实事求是地传播研究成果，避免故意夸大研究基础或学术价值，造成不良影响或损失。

我国高校科研水平发展迅猛，但科研伦理水平却与此不匹配。国家自然科学基金委员会前主任、浙江大学前校长指出，2018 年之后中国的科研诚信问题得到了好转（如 2018 年，中国只有 70 余篇被撤稿，相对于 2010 年的 4100 多篇，大大下降），但是科研伦理方面的问题却日益突出，令人堪忧。根据中国科协的调查，九成科技工作者同意"如果忽略了科研伦理，科学研究可能会误入歧途"。但在参与调研的人群中，自认为对科研诚信之外的科研伦理规范了解较多的科技工作者仅占 5%，所以要实现科技向善还需要高校在科技伦理教育、管理方面做出更多的工作和努力。

从国内外的经验来看，科研伦理问题的治理主要有三方面
的工作。

第一，建立科研伦理的管理政策。以利益冲突的管理为
例，利益冲突是一种情形，在这种情形中对主要利益的专业
判断和相关行为有受次要利益的不当影响的风险。早在 1984
年北美大学协会（Association of American Universities，AAU）
调查就发现，在该组织 51 所大学成员中，90％已建立教员
经济利益冲突管理政策。为了减少偏见，保护专业判断的客
观性、可靠性，维护公众信任，美国的资助机构如国立卫生
研究院不仅制定了利益冲突政策，而且还要求接受资助的机
构也建立内部的利益冲突政策，如有学者对从美国 NIH 获
取资助最多的 27 所医学院校进行调查，在得到回复的 21 个
医学院中全部都有利益冲突政策。① 而国内在利益冲突方面
的政策相对不足，例如科技部 2020 年 7 月发布的《科学技
术活动违规行为处理暂行规定》仅在受托管理机构工作人员
违规行为的描述中提到了利益冲突问题。国内专门针对利益
冲突的管理政策也不多见。但作为非强制性规范文件，科技
部科研诚信建设办公室发布的《科研活动诚信指南》要求，
在科学研究、同行评议、成果发表或决策咨询等活动中，应
当避免使当事人身负的委托利益不恰当地受到其自身或小团

---

① 　参见谢广宽：《美国医学研究中的经济利益冲突政策》，《中国医学伦理学》
　　2008 年第 6 期。

体利益的影响，从而影响他人利益或社会公共利益。在评议或咨询中，努力预防和减少外界因素产生的干扰。

第二，建立规范的伦理审查委员会。伦理审查委员会是对英文 Institutional Review Board（IRB）的直译。IRB 制度源于美国，其起初审查的领域主要是生物医药和行为研究等涉及人的学科，以保护相关研究的受试者的权益，而后逐步扩张到其他研究领域，比如谷歌公司也成立了内部的人工智能伦理审查委员会。我国关于伦理委员会的规定最早出现在 1995 年原卫生部颁布的《临床药理基地管理指导原则》中。1998 年，卫生部成立了涉及人体的生物医学研究伦理审查委员会，2003 年又成立了医学伦理专家委员会，负责医学行业科技发展中有关伦理问题的咨询和审查。此后，各级医学院校、医药研究机构以及药理临床试验基地相继设立伦理生产委员会，但是非医学类的院校设立伦理审查委员会，仍相对较少。对于涉及人的生物医学研究应通过伦理委员会的审查，这是目前国内外高校普遍采用的科技伦理管理方式。例如，原国家卫生计生委于 2016 年公布的《涉及人的生物医学研究伦理审查办法》，明确规定从事涉及人的生物医学研究的医疗卫生机构是涉及人的生物医学研究伦理审查工作的管理责任主体，应当设立伦理委员会，并采取有效措施保障伦理委员会独立开展伦理审查工作。医疗卫生机构未设立伦理委员会的，不得开展涉及人的生物医学研究工作，并且要求伦理委员会的委员应当从生物医学领域和伦理学、法学、社会学等领域的专家和非本机构的社会人士中遴选产生，人数不得少于七人，并且应当有不同性别的委员。伦理审查委员会和伦理审查的主要职责是对满足科学价值和社会价值的研究项中受试者的保护。所有临床研究项目在开展之前须经伦理审查委员会对其科学价值和伦理学上可辩护性进行审查，获得伦理审查委员会批准后方可实施。

第三，推动科研伦理教育。在科研伦理教育方面，美国走在世界前列，其科研诚信与科研伦理教育交织在一起，用"负责任的研究"这一概念加以统筹。美国推动科研伦理教育的主要经验包括：首先，国家层面支持出版科研伦理教材。20世纪90年代美国就出版了指导科学家研究行为的科研伦理行为教程，随后美国科研诚信办公室编写的《科研伦理入门——ORI介绍负责任研究行为》，按照研究流程，从计划、实施、报告和评价等环节介绍如何正确开展研究。《科研诚信：负责任的科研行为教程与案例》一书也是美国科研伦理教育领域的畅销图书，该书多次修订再版，通过案例教学来讨论科研伦理中的重要议题。其次，高校也主动探索最佳的科研伦理教育实践。例如匹兹堡大学在2000年设立了研究与实践基础项目（RPF），向不同类型的学习者开展培训，通过利用已有的信息系统，极大提高了科研伦理教育推进的效率，最初三年就培训了超过17000人，并通过评估持续改进。① 高校的科研伦理教学常用的方法有在线教育、专业讨论、一般性研讨、定向实验性介入、典范学习、自我反思等。② 在国内，2002 年我国教育部在《关于加强学术道德建设的若干意见》中首次提出教育行政部门和高等学校要组织教师和教育工作者学习《公民道德建设实施纲要》等相关法律法规。中国科学院在《我国科学道德与学风问题基本分析和建议》的研究报告中也指出，要制定我国科学道德教育大纲，将科学道德列入大学和研究生教育的必修课程。在高校层面，北京大学走在国内高校前列，已常态化开展"科研伦理与科研诚信培训"，该培训分为 A/B 模块，围绕受试者保护、利益冲突、科研诚信等内容展开。但是目前国内的科研伦理教育资源仍然匮乏，未来高校仍要继续探索建立适合我国国情的科研伦理教育体系。

第四节　高校科技伦理治理的体系

当前伦理规范已经成为国际科技竞争的重要方面，科研伦理不是加在科研活动身上的枷锁，而是为科研活动提供保

---

① Barnes, B. E., et al., "Creating an Infrastructure for Training in the Responsible Conduct of Research: The University of Pittsburgh's Experience", *Academic Medicine*, 2006.

② Mulhearn, T. J., et al., "Review of Instructional Approaches in Ethics Education", *Science and Engineering Ethics*, 2017.

障。要成为世界科技强国，不仅要站在科学技术的制高点而且要立于伦理道德的制高点。为此高校有必要建立有效的科技伦理治理体系，以促进这一目标的实现。高校应建立"事前预防—过程管控—事后追责"全过程、多维度的科技伦理治理体系，这一体系中包括规范体系、教育体系、审查体系和责任体系等四个方面。

一、规范体系

高校科技伦理治理的规范体系是为研究人员提供一整套关于科研诚信、科研伦理方面的行为规范，明确给出判断具体研究行为的"是非"标准，让科研人员理解哪些行为是符合学术共同体价值要求的，哪些行为是偏离学术共同体公认的规范的。科学研究没有止境，但是科技伦理必须有清晰边界和规范，科研人员应当具备基本的科技伦理知识和素养。高校应制定详细的伦理规范和政策，面向不同人群、不同的问题，给予针对性的政策指导。

高校的科技伦理规范体系应重点关注研究人员和学生。面向研究人员的学术规范，主要是为研究人员在学术研究、学术发表、学术评审等活动中提供指南，其内容可包括对典型学术不端行为的定义、对负责任研究行为的描述，探讨违规行为的实践案例，国务院、教育部、科技部及高校层面有关学术规范的政策等。面向学生的学业规范，主要是培养学生在课程作业、学期考试、学位论文等学业活动中的诚信意识，为他们今后进入研究领域打好基础。其内容可包括：学生课业管理的要求、学生基本行为的规范、学位论文管理规范、基本的科研诚信要求等。

高校的科技伦理规范体系也应关注重要的科技伦理问题，制定针对性的规范要求，包括：（1）利益冲突管理规范，明确利益冲突的范围和情形，利益冲突披露和审查要求，出现利益冲突时惩戒和申诉等内容；（2）人体试验受试者保护规范，明确基本的伦理原则，人体受试者保护的要求，伦理审查的流程等内容；（3）学术不端查处政策，明确学术不端的范围、举报方式、调查流程、处罚措施等内容；（4）署名与发表规范，明确论文署名的标准、论文发表的规范等内容。

二、教育体系

构建高校科技伦理教育体系是为了通过增强研究者的伦理意识和自律能力，让研究者自觉抵御学术造假的功利诱惑，积极规劝、制止、检举他人的学术造假活动，预防科技伦理问题的产生。发达国家的科研人员在学术训练的过程中，大多接受过科技伦理教育，许多研究者在学术生涯的起步阶段，就养成崇尚科学精神、遵循科研伦理、严守学术规范的良好习惯。我国高校虽然也有科技伦理教育方面的探索，但整体来看质量和水平仍还有很大改进空间。

高校建立科技伦理教育体系可从以下几个方面入手：第一，加强科技伦理教育资源开发。目前国内还缺少公认的高质量科技伦理教科书，不少高校仍然使用国外翻译的教科书，而这些教科书中涉及的问题和案例，与国内的科技伦理实际情况并不完全吻合，所以开发适合中国当下研究环境的科技伦理教程非常迫切。第二，将科技伦理课程作为研究生的必修课，在研究生涯的早期让学生理解科研伦理要求和学术规范是十分必要的，学生的学术规范意识与整个学术界的学术风气互为前提和条件，建立针对学生的学术规范，其目的在于让学生充分了解相关学术规范并成为一名负责任的研究新人，从而推动整个学界的科技伦理状况变革，形成良性循环。因此，每一位研究生都应尽早接受科技伦理教育。第三，对于职业生涯中晚期的研究者，要加强警示教育。对于这些研究者来说，他们中的大多数并非不知道科研伦理要求和学术规范，但其中一些人为了个人的利益，选择弄虚作假，践踏学术规范。面对这种情形，科技伦理教育应当以查处的学术不端案例为素材，通过警示教育，让他们了解相关的管理政策和行为底线。第四，发挥导师的言传身教作用。科技伦理教育不是简单说教，要注重培养学生在学术训练过程中的"干中学"。这一方面要求导师做好示范，以高标准开展学术研究，对学生形成潜移默化的影响；另一方面，导师要及时指出学生做错的地方，开展师生互动的研讨，主动提醒学生注意相关学术规范，培养学生的科研责任感。

三、审查体系

高校科技伦理审查体系是对研究行为进行监督和管控的重要机制。目前高校科技伦理审查体系的执行主体一般为学术委员会和伦理委员会。根据教育部《高等学校学术委员会规程》的规定，学术委员会是校内最高学术机构，统筹行使学术事务的决策、审议、评定和咨询等职权，在学科建设、学术评价、学术发展和学风建设等事项上发挥重要作用，如受理有关学术不端行为的举报并进行调查、裁决学术纠纷等。高校伦理委员会主要对生物医学研究中的有关伦理问题，进行独立、公正和及时的审查，并对已经得到同意并且正在进行的生物与医学实验进行监督检查。确保生物医学研究的科学性、有效性和安全性，以维护涉及生物医学研究活动参与者的尊严、权利、安全和利益。

我国高校进一步完善科技伦理审查体系可从以下几个方面入手：第一，将伦理委员会的审查范围从生物医学研究，扩展到所有对人类社会有重大影响的跨领域、前沿性、复杂、敏感的科研活动。第二，提升学术委员会和伦理委员会的工作能力，由于高校的科研活动多样、形式不同，科技伦理审查需要从具体的科研活动出发，凭借专业的审查能力开展工作。有条件的高校可以组建单独的科研伦理管理办公室以及设立处理科研诚信问题的专员，让专业的人员从事专业的工作，同时要充实现有校院两级委员会的力量，通过合理的人员配备和工作机制设计，提升委员会的工作能力，保证委员会工作的独立性，进一步规范高校的科技创新活动。第三，对学术委员会和伦理委员会加以监督。高校科技伦理审查体系要落实双向管理，既要对科研人员的活动进行监管，也要对相关政策规范及委员会的工作进行评估，完善科技伦理制度规范、伦理审查规则，及时调整纠错，以适应高校科研活动的发展。

四、责任体系

高校科技伦理责任体系是对科研伦理违规行为的事后惩处，其作用有两方面：一是让违规的研究人员承担相应后果，维护学术规范和科研伦理要求的权威；二是对其他的研究人员形成警示作用，传递出高校在科技伦理问题上的底线，引导、约束他们的研究行为。目前我国高校在责任体系上还不够完善，造成一些研究者钻空子、铤而走险。

高校必须完善自身的科技伦理责任体系，让高校的科技伦理治理有据可依。有据必依，可从以下几个方面入手：第一，制定完善的处罚管理规定。对于违反学术规范和科研伦理的行为，根据行为性质、严重程度进行分类，制定明确的处罚标准。这样研究人员能够清晰了解一旦违规可能要承担的后果；管理人员也有据可依，避免管理过程中其他因素的干扰。第二，加大对科技伦理违规的处罚力度，提高学术造假的成本，使研究者不敢轻易造假、违规。对于查出存在严重学术不端行为的研究者，要采取限制其职称评审、项目申报，甚至解除聘用关系等措施，并将调查过程和结果向外界公示。建立科研诚信档案，实现对学术造假者的识别和对重点人员的警惕，潜在的违规者也可能因畏惧被记录而不敢造假。第三，在日常的科研工作中做到防微杜渐，对于有轻微违规的研究者，学校可以采用谈话、警告、写保证书等做法，对研究人员进行适时提醒，给予适度的惩戒，并对这些研究者的研究活动和发表内容进行重点跟踪和审查。通过轻微的惩戒，引导这些研究者沿着学术规范的道路不断前进。第四，发挥高校之间及其与学术组织在责任体系中的联动。由于科研合作的紧密，不同高校的研究者之间开展合作是普遍现象，这就要求高校之间要开展科技伦理治理方面的合作，加强惩处信息的共享，避免违规人员通过变更工作单位，继续从事违反学术规范的行为。除了高校从工作管理的角度对违规人员追责，高校也要与相关学术组织保持信息沟通，让学术组织发挥更大的作用，如学会限制会员权利，对违规人员发表的内容施加更严格的审核等，限制申报奖项、荣誉等。

第六章

高校科技治理能力现代化的逻辑及评价指标体系

党的十九届五中全会强调，要坚持创新在我国现代化建设全局中的核心地位，把科技自立自强作为国家发展战略支撑。党的二十大将科技创新的战略意义提升到新的高度，突出强调要完善科技创新体系，加快实施创新驱动发展战略。国家科技创新治理体系是国家治理体系在创新领域的延伸，指用"治理"理念和方法对科技创新公共事务进行管理，强调多元参与、民主协商和依法治理，包括科技创新体制机制和法律政策体系。高校科技创新治理体系是国家科技创新治理体系的重要组成部分，而高校科技创新治理能力是支撑其治理体系有效运作的重要力量，是高校科技创新产出的重要保障。

高校作为国家创新体系中的主要组成部分，高校科技创新治理能力的提升对国家社会经济发展具有重要意义。随着科技进步和知识经济的纵深发展，如何提升高校科技创新治理水平及国家贡献力，是我们当前面临的问题和挑战。科学的评价是引领高校科技创新治理能力高质量发展的基准，而目前关于高校科技创新治理能力的评价缺乏一个科学完备的框架以及指标体系，因此，本章内容将聚焦于如何理解高校科技治理现代化的内在逻辑，实现科学评价高校科技创新能力，搭建评价框架及关键发展指数。

第一节　高校科技治理现代化的逻辑及评价框架

一、高校科技治理现代化的内在逻辑

影响高校科技创新及治理的因素与环节不仅是多方面的，也是错综复杂的。作为促进高校科技创新的有机体，高校科技创新体系的构成要素包括知识创新系统、技术创新系统、制度创新系统等。而高校科技制度创新，则主要指通过高校科技体制机制改革及相关政策制定和举措的制定实施，达到推进高校科技系统高质量、稳健运转的目标。只有围绕高校科技创新体系探寻科技治理的内在逻辑，探索高校科技制度创新的规律，才能优化高校科技创新及治理体系的顶层设计，增强高校科技创新主体、客体的功能定位及其能动性和适调性，从而以科技治理现代化带动高校科技创新核心竞争力的全面提升。

基于前述探讨，本书归纳出"二维—三层—四化—五

融—六核"的协同治理内在逻辑①（见图6-1），这亦是一个
从过去高校科技纵横"管理"到现代性多维"共治"的不断
定型、巩固与拓展深化的动态过程。

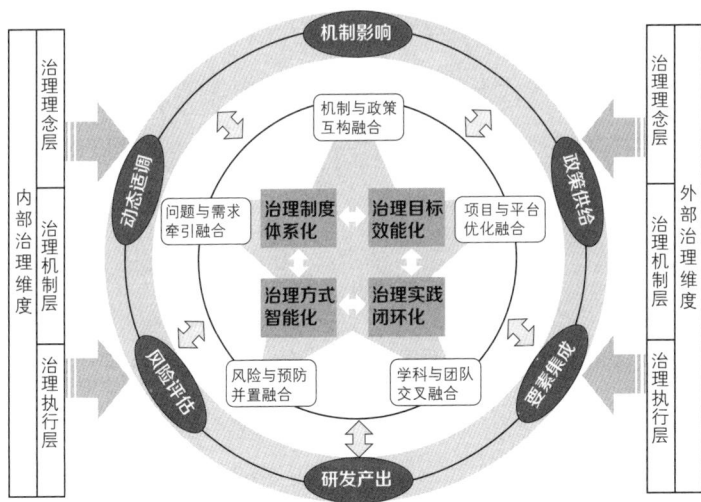

图6-1　高校科技治理现代化的内在逻辑框架

其中，"二维"是指高校科技治理体系由内部治理维度
和外部治理维度两个维度构成；"三层"则包含高校科技治
理的治理理念层、治理机制层、治理执行层三个层面；"四
化"主要指高校科技治理的治理制度体系化、治理目标效能
化、治理方式智能化、治理实践闭环化等四个内核；"五融"

---

① 参见蔡劲松、刘建新：《"十四五"时期高校科技治理现代化的逻辑与路径》，《北京航空航天大学学报（社会科学版）》2021年第2期。

则强调高校科技治理的机制与政策互构融合、项目与平台优化融合、学科与团队交叉融合、风险与预防并置融合、问题与需求牵引融合;"六核"则重在突出高校科技治理"机制影响—政策供给—要素集成—研发产出—风险评估—动态适调"六个向度的综合治理路径。

高校科技治理现代化的内在逻辑框架下,在顶层设计上,应高度重视高校科技发展的内部、外部两个维度综合考量其治理视域,同时应从理念、机制和执行三个层面进行全方位的发展统筹;在战略策略上,应以治理制度体系化、治理目标效能化、治理方式智能化、治理实践闭环化等为基础,逐步探索构建高校科技创新治理策略的动力支持系统,持续推进高校科技治理机制与政策互构融合、项目与平台优化融合、学科与团队交叉融合、风险与预防并置融合、问题与需求牵引融合;在实践路径上,应着重厘清"机制影响—政策供给—要素集成—研发产出—风险评估—动态适调"六个核心治理环节要素之间的关系,建立健全高校科技治理"共谋""共治"的协同合作机制,最终实现科技治理、科技创新与高等教育高质量、内涵式发展的良性互动。

二、高校科技治理现代化的评价框架

高校科技治理现代化评价是对当前高校科技治理能力现状以及发展潜力的评价,需要在一定的逻辑框架下进行。

因此，基于上文中对科技治理现代化内在逻辑的理解，设计建设高校科技创新治理能力评价的逻辑框架，优化评价的顶层设计，以实现对反映高校科技治理现代化关键指数的解构。

主要从三个维度思考构建高校科技创新治理能力评价框架，即关系维度、时序维度、功能维度。高校科技治理能力的核心目标是推进高校科技创新活动以及科教融合事业的有效开展，促进高质量产出及转化，引领科技创新，服务于国家重大战略需求。该目标的实现受到内外部特定系统环境的综合影响，如高校内部的战略规划、制度体系及治理结构，高校外部的国家战略、政策法规、产业发展及国际形势等环境要素。高校科技创新治理能力离不开内部要素的支撑和外部力量的支持，同时，高校科技治理能力也对内部科技创新产出和外部开放协同、科技创新社会经济红利、科技风险等产生影响。

因此，从关系维度上，将高校科技创新治理能力划分为内部治理能力以及外部治理能力两部分。此外，科技创新治理涵盖科技管理的全过程，从时序维度上来看，高校科技创新治理能力体现在科技创新的规划投入阶段、过程控制阶段、产出评价阶段、技术转移阶段。基于公共治理理论的内涵和过程要素，科技创新治理能力离不开科学的治理理念、治理结构、治理制度、治理手段及治理文化的支撑，结合高校科技创新的需求，在内外部治理能力以及治理时序的框架下，提出功能维度上的治理能力。其中，内部关系上包括高校科技创新治理能力主要涵盖科技创新制度规划能力、科技创新资源支撑能力、科技创新管理服务能力、科技创新生态营造能力四个功能维度的能力，外部关系上包括科技创新开放协同能力、科技创新流动扩散能力、科技创新风险规避能力及科技创新社会贡献能力四个功能维度的能力。基于以上考虑，构建总体高校科技创新治理能力评价逻辑框架图（见图6-2）。

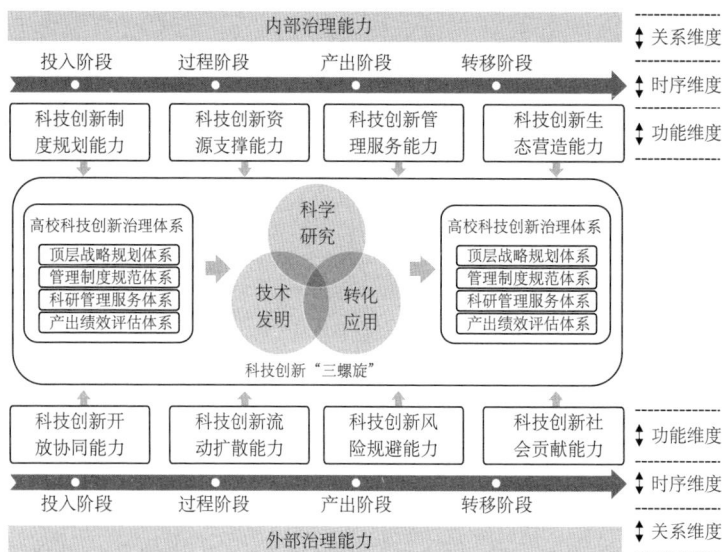

图 6-2 高校科技创新治理能力评价逻辑框架图

高校科技创新治理能力需要强有力的治理体系提供保障，从而发挥作用。根据图 6-2 所示，高校科技创新治理能力的基础评价主要建立在内外部治理关系、科技创新过程以及功能作用三个维度上。在科技创新规划投入阶段、过程控制阶段、产出评价阶段及技术转移阶段，通过评估内外部治理能力以及功能维度的各项能力，实现对高校科技创新治理体系的完备性、有效性、稳健性的评估。依据高校实践经验总结，高校科技创新治理体系主要包括顶层战略规划体系、管理制度规范体系、科研管理服务体系以及产出绩效评估体系等。在科技创新"三螺旋"理论的指导下，高校科技创新治理体系及其子体系应当在科学研究、技术发明和成果转化应用的三个环节有效协同运作，精准发挥相应的治理能力，以此支撑和激励关键科学技术的创新与突破，为产出能够服务国家战略需求的科技创新成果创造条件。进而，可以从更宏观的角度对高校科技创新治理能力展开评价，通过动态数据监测，审视高校科技创新治理能力的发挥是否对引领国家科技创新、支撑国家科技产业、培育国家科技人才，以及防范国家科技风险起到重要作用。

三、高校科技治理能力评价体系的构建原则

高校科技治理能力评价体系及关键指数的开发与设计需要遵循指标体系设计的一般原则。结合高校科技创新治理具备多元化治理主体、网络化治理结构、理性化治理制度、民主化与法治化治理方式、市场化治理手段、涵盖外部治理和

内部治理的系统制度安排等特征，本书在构建评价指标体系之前，归纳出以下七点评价原则，以提升评价体系的合理性与科学性。

一是系统性原则。高校科技创新治理能力是一个由多层次、多要素构成的复杂系统，这就要求相应的评价指标体系具有足够的涵盖面，尽可能将影响高校科技创新治理能力的主要要素囊括在内，以系统、全面、真实地反映高校科技创新治理的全貌和各个层面的基本特征。但评价指标体系又不是各指标的简单堆砌和松散集合，必须根据各指标间的内在逻辑关系进行系统整合与集成，即围绕总体评价目标将评价指标分解为不同的层次与模块，形成明晰的框架结构，其中的各评价指标既相互独立，又相互联系，形成一个有机的评价系统。

二是科学性原则。首先，要根据高校科技创新的特点和规律，尽可能从相关要素中选取那些最能体现高校科技创新治理能力本质的衡量指标，且各指标要具有相对的独立性，同一层次的指标不应具有明显的包含关系。其次，要注意保持总量（规模）指标与均量（效益）指标、绝对量指标与相对量指标、静态指标与动态指标等之间的平衡性，即既要利用总量指标反映高校科技创新的数量与规模特征，又要通过均量指标和相对量指标来体现高校科技创新治理能力的差异；既要利用静态指标反映现状和实力，又要利用动态指标体现潜力和前景。

三是导向性原则。指标体系的设计要适应当前国际科技发展的形势与趋势，符合国家科技发展战略和科技政策，以引导各高校找准自己的科技创新治理定位。在进行系统、全面评价的基础上，还要通过权重系数的不同体现各指标在评价指标体系中的相对重要程度。在权值的分配上要注重体现科技创新引领力及国家贡献力，以引导各高校更加重视基础研究，瞄准国际前沿开展原始性创新；引导各高校坚持以人为本，凝聚一流创新人才，产出高水平创新成果；引导各高校加快科技成果的转化与产业化，为国家经济建设作贡献。

四是可比性原则。量化评价指标体系的设计主要是为了进行横向或纵向比较，因此所选取的指标应反映评价对象（高校）的共性特征，即要从不同类型高校和不同科技创新活动中抽象和提炼出能反映其共性特征的代表性指标，并且这些指标都能通过某种方式获得具体、明确的评价数据，这样评价结果才具有可比性。可比性还要求对末级指标的原始数据进行归一化或无量纲处理。

五是可操作性原则。在实际操作中，必须考虑到量化评价的可操作性和指标数据的可获取性。故而在设计指标体系时，必须尽量选用那些能够直接量化的定量指标，并且这些指标可以通过现有统计系统和检索工具直接采集到统计数据，同时要舍去一些无法采集到数据的定量指标和难以量化的定性指标，并删除内容重复的定量指标，简化指标体系，提高评价的可操作性。首先，综合评价指标体系中的每一个评价指标都要求指标能够被观测与可衡量；其次，评价指标的设计要能够尽量规避或降低评价数据造假和失真的风险，评价指标数据应尽可能地公开和客观获取；再次，要综合权衡评价指标数据的获取成本与评价活动所带来的收益问题，若某个指标的实际观测成本太大，在实践中，要么直接摒弃该指标，要么采取其他途径来近似获取，如计算机仿真、实验模拟等。

六是动态连续性原则。科技创新及其治理能力是一个动态发展、不断提高的过程。构建科技创新评估指标体系的目的不仅仅是为了评估高校科技创新治理能力的发展状况，更重要的是为了对高校科技创新治理能力的未来趋势进行预测与预警。因此，指标体系必须能够客观反映高校科技发展的现状、潜力以及演变趋势。指标选取时，应做到静态与动态指标相结合，利用静态指标反映科技创新能力的现状水平，利用动态指标预测科技创新能力的发展前景。

七是弱相关性原则。从理论上讲，在评价指标体系中，每个指标都具有较强的鉴别能力，评价指标之间是不相关的，从而使每个指标的作用得到充分的发挥，这样的指标体系是最理想的。但是，所有的评价指标不可能完全不相关，所以在选择评价指标的过程中尽量选择弱相关的指标，避免选择显著相关的指标。

第二节　高校科技治理能力评价指标体系构建

　　科技创新能力就是对科学研究中生产要素集成的能力，它由若干能力组合而成，是一个能力系统。高校科技创新能力是高校有效利用和优化配置各种科技创新资源，通过知识创新、技术创新、成果转化创新、管理创新等各种科技创新活动产出高水平科技创新成果，并形成具有竞争优势的科技领域与创新特色的综合能力。高校科技创新能力应该具有协同性，高校科技创新系统中的要素包括一系列管理规章制度、各类基础资源、创新研究能力、创新投入、创新产出与转化以及科技创新文化等，高校科技创新力不是各构成要素的简单相加，而是强调这些要素之间的有机结合、互动发展和整体运行，既强调所有构成要素的品质和规模，又强调在科技创新活动中的高效利用和优化配置，是一个协同系统。此外，高校科技创新能力应该具有开放性和流动性，能够将新知识与技术转化为新产品、新工艺和新服务，推动外部科技、经济和社会发展。高校需要准确识别和把握科技发展趋势，积极应对科技和市场需求的变化，开创性地进行研究与开发，并把研究开发成果成功实现转化及产业化。基于对高校科技创新能力的理解，对高校科技创新能力进行解构，其构成要素主要包括：科技创新制度规划能力、科技创新资源支撑能力、科技创新管理服务能力、科技创新生态营造能力、科技创新开放协同能力、科技创新流动扩散能力、科技创新风险规避能力、科技创新社会贡献能力。

本部分内容在科技创新治理能力评价逻辑框架以及 7 项评价原则的统领下，进一步构建高校科技创新治理能力评估指标体系。使用专家咨询法和层次分析法，结合定性与定量数据，设计我国高校科技创新治理能力评价指标体系，计算各类指标权重。依托指标和权重结合分析，实现能力评价。根据前期专家访谈研究，初步拟定我国高校科技创新治理能力的三级评价指标体系如下，共包括 8 个一级指标、21 个二级指标、65 个三级指标（见表 6-1）。需要说明的是，该评价指标体系还有待在后续研究中不断修正调整完善，并进一步确定评估标准、权重以及相关评价结果。

表 6-1　我国高校科技创新治理能力评价指标体系

	一级指标	二级指标	三级指标
内部维度	（1）科技创新制度规划能力	科技创新顶层战略规划能力	科技创新顶层设计导向能力
			科技创新组织战略管理能力
			科技创新总体布局文件体系完备性
		科技创新制度建设能力	经费投入制度完备性
			资源共享制度完备性
			科研管理制度完备性
			知识产权制度完备性
			技术转移制度完备性
			绩效激励制度完备性

续表

一级指标	二级指标	三级指标
内部维度	（2）科技创新资源支撑能力	人力资源支撑能力	科技活动人员总数
			引进人才教师比例
			两院院士和特聘教授人数
			全时研发人员数
		物质条件支撑能力	仪器设备资产总值
			图书馆馆藏资源总量
		科技经费支撑能力	科技创新投入总经费
			教师人均科技活动投入经费
		科研项目支撑能力	各类科技项目总数
			各类科技项目总经费
			教师人均承担项目数
		科创基地支撑能力	国家一流学科建设数
			国家级和教育部研究基地建设数
			硕士点和博士点以及博士后流动站总数
	（3）科技创新管理服务能力	管理服务专业化能力	信息化管理服务常设机构情况
			一体化信息服务平台建设情况
			日常科研管理事务处理效率
		管理服务队伍胜任力	组织领导能力
			科学决策能力
			开拓创新能力
	（4）科技创新生态营造能力	创新理念营造能力	前沿新兴学科开设情况
			前沿新兴研究领域开辟情况
			创新理念宣传情况
		原创生态涵育能力	原创性科研宣传培训情况
			原创性科研约束制度建设情况

	一级指标	二级指标	三级指标
内部维度	（5）科技创新开放协同能力	创新主体协同能力	产业技术联盟参与情况
			产业创新中心建设数量
			政产学研用创新研发团队数量
		创新资源共享能力	资源共享平台建设情况
			科技基础条件平台向社会用户开放情况
			服务外部主体数量
		国际创新合作水平	国际知名机构来校联合组建国际科技中心数量
			设置海外创新中心数量
			参与大型国际科技合作计划数
			优秀人才到国际组织和高水平学术期刊任职数
			培育高水平国际期刊数
外部维度	（6）科技创新流动扩散能力	知识流动能力	承担国内外学术交流研讨会议总数
			参与国内外重点学术交流活动总数
		成果转移扩散能力	技术转让合同总数
			专利出售总数
			技术科普论文和出版物总数
	（7）科技创新风险规避能力	保障性风险规避能力	科技保密能力
			监测预警能力
			风险响应能力
		自反性风险规避能力	技术安全风险规避能力
			产业冲击风险规避能力
			伦理挑战风险规避能力

续表

	一级指标	二级指标	三级指标
外部维度	（8）科技创新社会贡献能力	对国家战略目标的贡献	牵头国家大科学计划和大科学工程数
			国家科技三大奖励获奖数
			国家智库数
		对经济与社会发展的贡献	专利行业应用情况
			专利对社会贡献率
			培育科技创新公司数
		对科技人才输出的贡献	授予硕、博士学位数和出站博士后数
			国家级、教育部优秀青年人才数
			进入国家高端人才计划校友

一、科技创新制度规划能力

科技创新管理包括管理能力和创新制度，实现科研管理部门对整个科技创新体系运行进行监控，保障高校科技创新能力有效提升。管理体制是影响高校科研管理质量的关键，只有科学、完善的管理体制才能指导各级相关人员严格按照规章制度开展管理工作。当前，我国高校科技创新管理体制机制尚存在许多不完善的地方。在研究团队前期专家调研中，57.14％的专家认为科技创新管理不完善主要体现在缺乏顶层制度设计，科技创新部门联动机制不顺畅，无法满足高校科研发展所需，尚未形成完善的监督管理机制，从而就使得科研人员在进行科研工作的过程当中，无法形成良好的氛围，并且出现了科技资源分配不均等现象，打消了科技创新积极性，极大地阻碍着科技创新管理工作的有序进行。其次，一套完整并能适应科研和技术开发规律的研发、评价和监管机制在高校科技创新管理过程中也发挥着关键作用，能够对科技资源、科技人才进行有效调控，从而有效实施科技发展战略。目前，我国大部分高校科技创新系统对整个科技创新体系运行监管有待完善。缺乏科学评价分析系统，不能及时调整本校的激励机制，向上级政府部门提供决策参考；各类制度建设缺乏个性化，无法引导不同的人才类型、不同的研究领域健康发展；缺乏创新战略规划，无法帮助各学术团队进行有效的资源配置与整合，回应国家、地方重大科学问题、技术问题和工程问题。基于专家咨询结果，高校科技创新管理制度规划能力主要从科技创新顶层战略规划能力以及科技创新制度建设能力两个二级层面展开评价，具体的三级评价指标包括科技创新顶层设计导向能力、科技创新组织战略管理能力、科技创新总体布局文件体系完备性、经费投入制度完备性、资源共享制度完备性、科研管理制度完备性、知识产权制度完备性、技术转移制度完备性、绩效激励制度完备性等。

二、科技创新资源支撑能力

高校科技创新的基础实力和支撑能力是高校开展科技创新活动所拥有的资源优势和基础条件，是产出高水平创新成果的前提和保证，是进行知识扩散与传播的平台与基石。科技创新资源是创新活动的物质基础，同时也是科技创新的经济支撑和人才保证，对高校创新活动起着非常重要的作用。包括科技经费投入、研发机构数量、研发人员数量等要素。创新资源投入的多少是衡量创新能力高低的指标之一。创新投入主要是指高校投入进行科技创新的人员、经费资源的数量和比重。在高校系统中，高校得以存在和发展的主体是人力资源，也可以说，教学与科研人员是高校人力资源创新的主体和主力军，客体是教学科研基地，二者连同连接主客体之间的物质条件，便构成了反映科技创新基础实力的最具有代表性的指标。因此，对高校科技创新资源支撑能力的评价指标主要从人力资源支撑能力、物质条件支撑能力、科技经费支撑能力、科研项目支撑能力以及科创基地支撑能力五个方面展开。在人力资源支撑能力方面，本书用科技活动人员总数、引进人才教师比例、两院院士和特聘教授人数、全时研发人员数来衡量；在物质条件支撑能力方面，从仪器设备资产总值、图书馆馆藏资源总量两方面来衡量；在科技经费支撑能力方面，用科技创新投入总经费和教师人均科技活动投入经费来衡量；在科研项目支撑能力方面，用各类科技项目总数、各类科技项目总经费、教师人均承担项目数来进行评价；在科创基地支撑能力方面，用国家一流学科建设数、国家级和教育部研究基地建设数、硕士点和博士点以及博士后流动站总数来测度。

三、科技创新管理服务能力

高校作为重要人才培养基地与科研创新机构，其科技创新管理质量受到社会各界的关注。如何提高科技创新管理有效性，确保科研工作良好地开展与实施，提高科研人员积极性，是高校科技创新管理中面对的重要问题。高校科技创新管理服务能力主要体现在管理服务系统专业化及管理服务队伍胜任力方面。现代高校的科技创新管理服务质量与效率首先由管理服务的专业化能力决定。随着时代进展，信息化管理已经成为各行各业管理工作发展的必然趋势，高校科研管理工作也需重视信息化建设，摒弃传统、落后、低效率的工作形式，以提高管理的有效性。近年来，国家越来越重视对高校科研经费的支持，活跃了高校科研活动，同时也在一定程度上增加了管理工作量。为提高管理效率，大部分高校开始组织成立信息化管理服务常设机构，采购相关办公软件，设计构建符合科技创新管理需求的信息化管理平台及系统，形成以学校、院系、科研人员为中心的信息体系，实现线上的信息交流与传递，有效提高科研管理工作效率，优化管理流程。管理服务专业化能力主要由信息化管理服务常设机构情况、一体化信息服务平台建设情况以及日常科研管理事务处理效率来衡量。其次，高校科技创新管理服务还需要一支具有高胜任力的专业队伍。美国著名心理学家麦克利兰

（David McClelland）教授创立了胜任能力模型方法，并在近几十年中得到广泛应用。胜任能力是一种高效的人力资源管理方法，对提升组织的竞争力、人员的培养、组织战略的发展、组织业绩的提升，具有重要意义。高校管理服务队伍主要包括：（1）教育行政部门主管科技的人员。教育行政部门主管科技的机构是指高校科技管理部门的上一级主管机构，它的主要管理人员的胜任能力关系到国家科技管理战略思路和具体政策的实施效果，关系到各高校科技水平的提升。（2）高校科技管理部门主要负责人。高校科技管理部门主要负责人是各高校科技管理部门的领导者，他们的胜任能力关系到教育行政部门管理政策的实施效果，以及高校科技管理的工作效果。（3）高校科技管理人员。高校科技管理人员主要包括两部分：一是各高校科技管理部门所属的各科室各岗位人员；二是高校各学院、系、部等部门与科技管理部门对接的人员。他们是科技管理执行的主体，关系到科技管理的运行过程和实施成效。对高校科技管理工作者的胜任力评价应该从组织领导能力、科学决策能力、开拓创新能力三个方面展开，具体到个人，则包含个性能力、工作态度、管理能力、职业素养、基本技能、基础知识等方面。

四、科技创新生态营造能力

高校科技创新治理首先要尊重科研规律，加强思想引领，引导创新高科技人才"创新科技、服务人民、造福社会"的责任意识和使命感。当前在科技自立自强的战略背景下，高校需要深入宣传科技界典型科研人才代表的爱国情怀、学术风范、专研精神，积极营造尊重人才、尊重创新的良好氛围。为科技工作者创造良好环境，服务好科技创新。高校科技创新生态营造能力是高校进行科技活动的保障，良好的科技环境能够提高科技活动的效率，也能促进科技成果的转化和应用。通过高校学术研究环境的营造，为科技创新的进行奠定基础，是高校科技创新能力结构体系中的基础要素指标之一。科技创新环境是推动一个高校甚至一个区域科技创新能力建设的重要因素，良好的科技创新环境可以为高校科技创新能力建设提供强有力的支撑，是高校潜在的科技创新能力。以往研究主要从创新理念营造、内外部创新环境的角度评价高校科技创新生态营造能力，近年来，也有越来越多的学者开始关注创新原创性和诚信问题。本书中将科技创新生态营造能力解构为创新理念营造能力以及原创生态涵育能力。其中，创新理念营造能力又通过前沿新兴学科开设情况、前沿新兴研究领域开辟情况以及创新理念宣传情况来测度；原创生态涵育能力主要通过原创性科研宣传培训情况和原创性科研约束制度建设情况来衡量。

五、科技创新开放协同能力

科技创新发展是典型的多主体协同发展过程，包括政府、高校、研究机构、企业行业、技术联盟等主体，它们在基础研究、应用研究、开发研究到科技成果产业化的整个过程中有不同的分工。协同就是要打破科技创新过程中不同主体的藩篱，破除"一亩三分地"的思维，从互补、互动、互促上实现共赢。高校作为科技创新协同的重要主体以及被协同的客体，需要不断向社会贡献科技产出，为社会创造经济效益，那么就离不开有效高效的主体协同，尤其是在科技成果转化阶段的协同。根据前期调研，高校的科技创新主体协同能力可以从产业技术联盟参与情况、产业创新中心建设数量以及政产学研用创新研发团队数量等方面来评估。万众创新时代，以科学、高效理念共享科技创新资源，充分发挥资源优势，已成为推进科技创新的必经之路。高校作为我国主要的科技创新主题，拥有雄厚的创新资源。随着国家政策不断完善，我国科技创新资源共享实现了跨越式发展。但与科技高质量发展目标相比，高校科技创新资源在共享规模、质量和水平等方面还存在着差距，突出表现为科技创新资源利用水平不高、开放共享机制不完善等，影响了高校科技创新资源价值的发挥。创新资源共享能力也应列为评价高校科技创新治理能力的维度中，并且可以从资源共享平台建设情况、科技基础条件平台向社会用户开放情况、服务外部主体数量等方面展开测度。此外，高校的科技创新开放协同能力还体现在国际创新合作水平方面，加强科研国际合作是"双一流"建设的主要内容之一。高校要从服务国家重大战略的需求出发，加大国际合作的力度，把握科研领域的国际前沿。从当前国际科学界的总体发展形势看，中国高校在国际学术界所拥有话语权受到一定的限制，整体科研水平暂时落后于世界先进水平。为此，要加大高校科技创新国际交流合作的力度，深化科研项目国际合作、细化校际间互助交流、培育一流国际期刊、设置海内外国际合作科技中心，从而占领相关科研领域的国际前沿。高校国际创新合作水平主要可通过国际知名机构来校联合组建国际科技中心数量、设置海外创新中心数量、参与大型国际科技合作计划数、优秀人才到国际组织和高水平学术期刊任职数、培育高水平国际期刊数来进行测度。

六、科技创新流动扩散能力

科技创新产出流动扩散能力主要体现在科技创新知识流动能力和科技创新成果转移扩散能力两方面。科技创新产出是衡量科技创新发展水平与绩效的重要标志之一，是创新能力高低的最直接测度，是科研人员智力活动结果的最直接体现。在已有研究中，创新产出可以用论文著作产出、专利产出、人才培养来衡量，包括如发明专利、科研论文、科研著作，以及科研项目研究所得到的规律、数据、结论和获得的各级科技奖励等，指标包括发明专利授权数量、科技论文发表数量、科技专著数量、国家科技奖获奖数量、国外论文发表比重、国家级项目验收数量、人才培养数量等。高校科技创新的产出能力指创造和发展新知识、新理论的知识创新能力，将新知识、新理论转化为新技术、新方法、新工艺、新流程、新产品和新服务的技术创新能力以及实现科技的转移、传播、扩散和渗透，形成现实生产力的科技成果转化能力。

科技创新的目标是推动国家或一个地区的知识流动，尤其是促进知识在研发机构、企业、中介机构之间的有效流动。知识流动是否活跃，将很大程度影响到科技创新系统的优化和科技创新能力的提升，知识流动的水平反映了区域企业对知识需求的程度、对创新的实施成效和知识流动基础设施的水平，知识流动频繁，区域才会具有较强的科技创新能力。高校是知识创新的主要发源地，新发现的知识、新方法、新理论若只是留在大学的课堂里，将不能完全体现高校知识创新的真正价值，因此，知识流动能力也是高校科技创新能力重要的方面。高校知识流动能力评价指标主要可以由承担国内外学术交流研讨会议总数、参与国内外重点学术交流活动总数来衡量。通过学术交流和合作研究可以更新高校的知识，获取新的知识，促进高校知识的不断创新。

科技成果的转移扩散能力指高校知识创新成果、技术创新成果及其经济贡献与应用。将享有知识或技术创新的科技成果推广应用，促进科技的创新与进步，推动社会经济的发展，是科技成果转化的最高目的，也是反映高校科技创新的重要指标之一。在这一过程中，促使应用型科研项目的研究开发与市场需求相结合，科技创新成果与科技企业相结合，加快高新技术产业化，促进经济、科技协调发展，使科技成果以最短的途径转化为现实生产力。科技创新成果转移扩散能力可以用技术转让合同总数、专利出售总数、技术科普论文和出版物总数三项影响指标来衡量。

七、科技创新风险规避能力

科技创新活动是涉及诸多主体、诸多要素和变量的过程，进而产生各类科技创新风险。高校科技创新风险规避能力主要体现在保障性风险规避能力和自反性风险规避能力两个方面。保障性风险意指关键科技领域发展及与其他国家交流的过程中，在技术保密、传播、宣传、监测等保障性措施方面有缺失所带来的风险。保障性风险规避能力具体而言涵盖三个维度：科技保密能力、科技创新监测预警能力、科技创新风险响应能力。科技保密能力主要抵抗包括由于科技人员流动无序、保密法律约束力不强带来的科技保密人员流动风险，对科技保密认识模糊、保密观念薄弱带来的科技保密认识性风险，由于科技保密管理机制、科技保密体系不健全，保密机构职能有待发挥带来的科技保密机制性风险。科技创新监测预警能力主要抵抗包括由于我国高校当前在关键领域科技安全还缺乏预警系统和系统整合性不够所带来的预警系统缺失性风险和预警系统分散性风险。科技创新风险响应能力主要指科技创新风险发生后的处置和补救能力。自反性风险指关键科技发展过程中给社会带来的诸多风险。主要体现在人类的过度实践、经济和社会的非理性发展、科学技术的无限制应用、现代化和市场经济的负面效应、政治失灵及社会治理失效等。自反性风险规避能力主要包括技术安全风险规避能力、产业冲击风险规避能力和伦理挑战风险规避能力。技术安全风险规避能力主要抵抗由于现代技术风险的难预测性带来的风险，表现为发生概率较低而后果严重，风险作用机理极其复杂，诱发风险因素众多，风险预测难度显著增大。产业冲击风险规避能力主要抵抗包括新技术的发展引发的产业变革、产业新旧交替，对产业结构和产业要素带来结构和要素风险。伦理挑战风险规避能力主要抵抗包括诸如指人与自然价值主体之间的生态伦理风险、网络技术及其负面效应所带来的网络伦理风险，以及在生命科学和卫生保健领域内的人类行为带来的生命伦理风险等，都关系到人类的个体安全和国家安全。

八、科技创新社会贡献能力

我国高校科技发展的国家贡献指数应该包括对国家战略目标的贡献、对经济与社会发展的贡献、对科技人才输出的贡献三个维度，每个维度下设若干个指标。高校科技创新应以国家政策为行动指南，做好与国家、省、市政策的衔接。国家政策是实现当前国家战略目标的制度保障，高校要将国家政策和管理部门的制度内化为学校的实施细则。在国家政策的引导下，高校的发展才能最大限度地得到国家的支持，才能与国家创新体系中各机构、组织一起开展重大项目的联合攻关，为提高社会生产力和综合国力而努力奋斗，同时也使高校科技创新能力得到提升。科技创新成果市场化是科技转化为现实生产力的途径，高校通过技术成果的转让和专利的出售来促进企业的技术进步，从而推动经济发展和社会进步，是高校科技创新价值的真正体现。此外，高校科技创新的另一大社会贡献能力在于各类人才培养与输出，社会的发展需要优秀人才的推动，高校作为我国人才培养的摇篮，承担着为社会输出优秀人才骨干的使命，大量优秀人才的培养与输送也是高校科技创新治理能力的体现。

第三节　高校科技治理能力评价指标体系应用

　　在实际应用过程中，基于高校科技创新治理能力评价目标，可以选取某个或某几个自然年、选取一个关键目标客体（可以是我国整个高校科技治理体系、某类高校、某些重点科技项目、某些重要科技机构）进行科技治理能力评估。首先，通过管理决策系统制定出关于目标客体的评价目标，同时通过层次分析法识别具体与评价客体相关的重要影响因素及指数。其次，根据选取的评价框架及指数体系，确定判断矩阵及权重，收集各类定性定量数据，数据输入后运算最终治理能力评价分数，从而辅助干预决策。干预决策实施后还可进行效果评估并将信息反馈给治理能力评估系统，进行二轮评估，以此完成整个评价循环。

　　层次分析法是由美国学者托马斯·塞蒂（T. Lsatt）在20世纪70年代提出的一种定性与定量相结合的决策分析方法。这种方法将复杂系统中的因素以及因素间的相互关系分解成不同的要素，进而形成一个多层次的结构模型；在每一层次上，对其要素按照其对上一个层次某要素的影响程度进行两两比较判断，建立判断矩阵；通过计算判断矩阵的最大特征根及其相对应的特征向量，得到相对权重向量；用上一层次各要素的组合权重为权数，对本层次各要素的相对权重向量进行加权求和，得出各要素相对于总体目标的最终权重；依据最终权重大小进行方案优化排序，为选择最佳方案提供依据。在预警系统中结合层次分析法构建层次分析评价框架，基于表 6-1 的高校科技创新治理能力评估框架设计目标层、准则层以及指标层三层科技安全评价框架，并实现对评价指标的排序、筛选及权重分配。目标层即高校科技创新治理能力，准则层则包括科技创新制度规划能力、科技创新资源支撑能力、科技创新管理服务能力、科技创新生态营造能力、科技创新开放协同能力、科技创新流动扩散能力、科技创新风险规避能力、科技创新社会贡献能力，指标层即为表 6-1 评估框架中的三级指标。

在已经构建的评价框架基础上，展开专家咨询，邀请权威专家填写"我国高校科技创新治理能力现代化指标比较矩阵"问卷，对各指标相对于最高目标层的相对重要性建立矩阵进行排序，形成各级指标权重判断矩阵，通过输入层次分析软件得出最终各级变量的同级权重及综合权重。得到权重后，再次邀请专家进行打分，为各个指标变量赋值，输入专家打分数据后，按照各级指标权重标准化每项指标得分，最终根据各个指标项得分，采用多目标线性加权函数法计算出我国科技安全度的总评价分值 S（见公式 1）。

$$S = \sum_{i=1}^{m} W_i \sum_{j=1}^{n} (R_{ij}W_{ij})(i=1\sim m; j=1\sim n) \qquad （1）$$

其中，S 为高校科技创新治理能力现代化水平，是层次分析的目标层；m 为层次分析准则层的个数；n 为某准则层选取的具体指标数；W_i 为第 i 个准则在目标层所占的权重；W_{ij} 为第 i 个准则层选取第 j 个指标在该准则层所占的权重；R_{ij} 为第 i 个准则层选取第 j 个指标的实际评分值。

　　值得注意的是，该变量权重体系是后续预警模型变量评估的重要基础，将在实时科技安全预警过程中被调用。同时，此处评估框架及变量权重是针对高校科技创新治理能力现代化的一次评价，而当细分科技活动或评价对象后，还需要设置不同的变量权重，进而在高校科技创新治理能力现代化评价的过程中根据不同评价目标，即时调用不同的变量权重包。

第七章

国外高校科技治理模式及经验借鉴

第一节　国外高校科技治理的顶层战略

在国际上，美、日、德、英等国在高校科技创新上处于引领的地位，主要得益于这些国家从国家整体战略上进行顶层设计，加强科技立法和国家政策对高校科技创新的支撑作用，营造了良好的科研环境。

一、加强科技创新立法，构建创新法治保障

美、日、德、英等发达国家均十分重视科技立法，较早出台了促进高校科技创新的相关法律法规，为创新提供法治保障。美国政府与军方尤其高度重视科技创新的顶层谋划，逐步形成了以《国家创新战略》《国防科学技术战略》《国防创新倡议》及相关支撑性规划等为核心的科技创新战略规划体系，对美国颠覆性科技的创新发展起到了重要的牵引和促进作用。在教育体制改革、创新人才培养，以及促进高校科技发展等领域相继颁布了《2061规划：全民的科学》(1989)、

《国家创新教育法》(2006)、《2020工程师：新世纪工程》(2004)等系列教育发展规划或教育法案。①

为促进高校科技创新交流和科研成果转化，美国于1980年颁布了《专利与商标法修正案》(拜杜法案)。允许各大学、非盈利机构和小型企业为由联邦政府资助的科研成果申请专利，并通过技术转让实现商业化；鼓励大学和企业合作转化科研成果，使以大学为主的基础科学研究部门进行成果转化有了动力。② 其辅助法案《史蒂文森—怀德勒技术创新法案》，要求政策部门将推动技术转移作为其重要职责。美国颁布的《小企业创新开发方案》旨在推动联邦政府机构在职责范围内为小企业研发活动提供资金支持；《联邦技术转让法案》为美国政、产、学、研更深层次的合作和开发研究提供了法律保证等。除此之外，美国还有大量此类的法律，如《研究交流促进法》(1998年修正案)、《专利与商标修正案》《国家竞争力技术转让法》《综合贸易和竞争法》《国家合作研发法》等，这些法律的针对性都很强，在很大程度上提高了美国科技成果转化的效率③，推进了专利应用，

① 参见黄月：《高校科技创新制度保障体系研究》，武汉理工大学硕士学位论文，2017年。
② 参见费艳颖、刘后弟、李永博、高继光：《高校科技成果转化法律保障机制研究》，《学理论》2010年第12期。
③ 参见费艳颖、刘后弟、李永博、高继光：《高校科技成果转化法律保障机制研究》，《学理论》2010年第12期。

以及高校与产、学、官三方在人、才、物、信息等方面的流动和共享。①

日本有关科学技术创新的法律制度有 90 多部，内容涉及科技发展规划、发明专利申报、科研成果转化、科研机构设立、产业金融政策、技术合作交流以及人员激励、财税安排等。20 世纪 90 年代日本经济低迷，更坚定了日本政府把发展新技术和新产业作为日本经济再生手段的决心。日本通过制定《科学技术基本法》《大学技术转移促进法（TLO 法）》《产业活力再生特别措施》《知识产权战略大纲》《知识产权基本法》《国立大学法人法》等法律政策措施，强化产学研合作，促进其国家创新系统由模仿创新主导型向自主创新导向型转型。其中，1995 年颁布的《科学技术基本法》作为日本科学技术体系的基本法律，规定了科学发展与技术创新方面的基本方向；这部法律以日本科技体制改革为基本目标，全面地推进政策的实施，加大科技活动的监管力度，并主张日本的政府当局、大学、科研机构、中介机构、企业等应各自履行职责，共同促进科学技术创新兴国战略的实施。② 关于加强高校与企业合作的法律，有 1983 年的《民间

---

① 参见张丽：《高校科技创新体系管理的运行机制初探》，《大学（学术版）》2013 年第 8 期。

② 参见马娜娜：《高校科技成果转化法律促进研究》，西北大学硕士学位论文，2016 年。

共同合作研究制》、1986 年的《研究交流促进法》等。1996年颁布的《科学技术振兴实业团法》，规定成立了专门负责大学科研成果转化的体制——科学技术振兴事业团，负责推动创新成果产业化和商业化。1998 年的《大学技术转移促进法》的颁布，学习了美国 1980 年的《拜杜法案》，规定研发人员对其科技成果享有专利权，从而极大地激发和调动了研发人员的热情；并且，这部法律促进了日本第一个专门的科技创新中介的建立——技术转移机构（简称"TLO"），它由国家制度作为实施保障。[①]而明晰研究成果及其知识产权归属的法律要归功于《国立大学法人法》，强化了高校对发明专利的管理，促进了对专利的保护。[②]

20 世纪 90 年代后期至 21 世纪初，英、德等国也同样在科技政策、科技计划、产业政策、税收政策、知识产权政策、金融政策、人才政策、教育政策等方面开展了立法活动，促进高校科技创新。1923 年，英国颁布了作为现代各国专利法雏形的《垄断法》；1965 年颁布了世界上第一部《科学技术法》，规定了国家的科技发展目标、组织形式等，成为英国科技发展的基本原则。其他发展科学技术的法律零散

---

① See Kenzo Fujisue, "Promotion of Academia-Industry Cooperation in Japan-Establishing the 'Law of Promoting Technology Transfer from University to Industry'in Japan", *Technovation*, 1998.

② 参见费艳颖、刘后弟、李永博、高继光:《高校科技成果转化法律保障机制研究》,《学理论》2010 年第 12 期。

地分布在《工业法》《农业发展法》《竞争法》《发明发展法》《工业技术开发法》等法律中。① 德国同样具有完备的知识产权法律体系，包括《专利法》《商标法》《著作权法》以及《雇员发明法》等。《德意志联邦共和国基本法》是目前德国的一个基本大法，明文规定了科学研究的自由性，这部法律是德国高校能够自主进行科研活动的法律依据，推动了德国科研的发展。1976 年，德国制定《高校框架法》，对高校教育体制进行了规定，提出高校需通过科研、教育等促进科学发展；该法律经过了多次修订，促进高校教育体制不断改革，从而推动了高校科研能力及人才竞争力的提升。2012年，德国联邦议院通过《科学自由法》，该法是有关大学以外研究机构财政预算框架灵活性的法案。② 各国在制定完善的立法和政策体系的同时，增加经费投入、设立专口的管理机构，为科技创新活动和成果转化创造了良好的法律和政策环境。

二、完善科技创新政策，加大政府支持力度

美国在高校科技创新政策层面搭建得比较完善。政府对高校科技创新活动的支持开始于二战期间，在政府大力支持

---

① 参见赵玉环：《发达国家科技创新立法的经验及对我国的启示》，《东岳论丛》2008 年第 5 期。
② 参见《德国科技创新法律》，见：http://www.istis.sh.cn/list/list.aspx?id=10603。

下，资金投入倍增，大学科研规模扩大，成果倍出。[1]1945
年的《科学：无边的疆界》肯定了高校科技创新的巨大作用，
并加强联邦政府对高校科技创新和基础研究的支持和调控。
此后，政府的科技政策和相关法律法规成为了影响高校科研
的重要因素，相继颁布了《国防教育法》《贝耶—多尔法案》
《政府和大学》政府报告等。[2] 同时，美国的科技咨询非常
发达。美国联邦体制内外有大量的科技咨询机构，为科技发
展提供政策建议。比如联邦内部的科技决策部门：国家科技
委员会、总统行政办公室下的科技政策办公室等；以及联邦
体制外的美国国家科学院、美国科学促进会和以兰德公司、
布鲁金斯学会为代表的民间智库。美国高校也积极鼓励科研
人员到企业提供技术咨询服务，与企业建立长期的技术交流
与合作，这样更有利于高校进行科技研发和技术转移。[3] 此
外，美国有大量民营企业及非政府组织从事各种科技创新活
动，政府也经常购买其科技成果及服务或因其承担政府项目
而给予其资金支持，激发了各类创新主体的活力。

　　日本设立了国家层面和高校层面的科学技术振兴机构，

① 参见陈涛：《中美政府对高校科技创新的支撑作用比较分析》，《东北大学
　　学报（社会科学版）》2007 年第 2 期。

② 参见陈涛：《中美政府对高校科技创新的支撑作用比较分析》，《东北大学
　　学报（社会科学版）》2007 年第 2 期。

③ 参见黄月：《高校科技创新制度保障体系研究》，武汉理工大学硕士学位
　　论文，2017 年。

用以发现新兴技术，实施科研成果和专利发明的转化，统筹资源建立科技创新平台，贯穿负责基础研究、应用研究到产学研协同研究的全过程，加强科研人员与企业及社会各方的沟通交流。[①] 从 2000 年到 2004 年，日本政府出台了一系列支持大学产业化建设的法律制度，如《产业技术强化法》《知识产权基本法》等，帮助大学建立了知识产权本部和更多的校内技术转移中心等中介机构；推出年度知识产权战略推进计划，加快大学与企业的经济联系，在科研上互惠互利，推动校企联合发展，促进产业化进程加速推进。[②] 日本大部分高校都设有科技成果转化机构，以 TLO 为代表。TLO 的主要任务是负责促成大学等科研机构的研究成果向企业转化，即作为纽带联系着大学等科研机构和企业，解决在科技成果转化过程中所出现的信息不对称情况。[③]

英国、德国、法国等也分别成立了促进科技创新的职能部门，其组成的人员包含官、产、学、研等多方面人员。英国的"联合计划"支持和促进工业界和科技界的合作研究；1998 年启动"预测—联系"奖励计划，鼓励企业、研究机

---

① 参见黄月:《高校科技创新制度保障体系研究》，武汉理工大学硕士学位论文，2017 年。

② 刘彦:《日本以企业为创新主体的产学研制度研究》，《科学技术与管理》2007 年第 28 期。

③ 黄月:《高校科技创新制度保障体系研究》，武汉理工大学硕士学位论文，2017 年。

构和大学针对市场需求进行创新技术的合作研究。1994 年，英国政府启动了 ROPA 计划，给愿意从事长期合作项目的科学家以奖励，充分发挥政府资金的杠杆作用，促进校企合作，建立产学研合作机制。通过大学与企业合作的方式，英国建立了 13 个科学企业中心，主要为新技术企业提供孵化条件。① 德国《基本法》规定科研与教学自由，充分发挥企业和大学、科研机构的积极性，按市场机制实现科研成果产业化。德国也同样成立了技术转移机构。1971 年成立的史太白经济促进基金会经过多年的发展，至今已包含 520 个技术转移中心，该基金会下设的技术转移中心为企业提供咨询、研究与开发、国际技术转移、在职培训、撰写评估报告等多种服务。② 为了加强产学研合作，加速知识转移，德国加强了政策导向及科研经费的投入，如德国政府特别设立研究奖金，旨在动员高等院校和其他研究机构共同推动中小企业的创新活动。此外，德国制定了堪称典范的校企合作制度，其模式主要起源于职业技术教育的"双元制教育"，教学活动在企业与高校之间交替进行，双方共同培养应用型人才。

---

① 中共天津市委党校第 79 期进修一班"滨海新区开发开放"课题组:《国外高校科技创新和知识转移的模式及其启示》,《求知》2011 年第 10 期。

② 参见张健华:《高校科技成果转化中的政府职能研究》,南开大学博士学位论文,2010 年。

第二节 国外高校科技治理的机制保障

一、优化科技管理体系，保障创新有序开展

在科技管理体制方面：美国联邦政府实行三权分立的管理体制，通过行政手段、立法机构和司法机关，从不同层面制定科技创新政策，强化创新工作管理。[1] 决策机构多元，管理机构分散，这也给了科学界较大的自由，使得高校的科研作用得以凸显。[2] 在科研项目管理和科研评估方面，美国联邦政府和地方部门已经形成了一套完善的政策和管理标准体系，为高校科研工作者提供了相对公平的评价环境，通过竞争机制激发科研团队的热情，提升研发效益。[3] 此外，美国逐步构建起成熟的高校产学研协同创新体制，实现了科研资源的整合与合作。日本在科研管理机制方面也比较完善。首先，颁布了专门指向高校的专利转化和市场协调机制的高校创新法律《日本大学等技术转移促进法》；其次，设立了国家层面和高校层面的"科学技术振兴机构"，用以协助

---

① 参见时敬华:《21世纪我国高校科技成果产业化探析》,《菏泽师专学报》2001年第2期。

② 参见廖添土:《科技投入多元化的模式选择与机制建构研究》,福建师范大学硕士学位论文,2007年。

③ 参见黄月:《高校科技创新制度保障体系研究》,武汉理工大学硕士学位论文,2017年。

科研成果的转化；最后，在高校内部成立了大学知识财产本部，用以对高校知识产权的转化利用进行统一管理，同时这个机构也是高校在产学研创新中对外合作的窗口，保障高校的研究切合市场的实际需要，及时向企业传达出高校的最新科研成果。西方国家也逐步加强了高校科研管理队伍的专业化建设。随着高校内部管理事务及科研工作开始错综复杂，之前一手抓管理一手搞科研的方式已捉襟见肘，各国开始了高校科技管理专业化的进程，出现了科技管理、教育管理等专业。①

　　在科研经费管理方面：美国联邦政府采用自由竞争的方式向高校提供科研经费，并成立了专门的国家科学基金会，促进科研和科学教育发展。高校科研基金的申请、审批、评审和结题都有规范可依，各科技创新主体权责分明，有效地提高了科研经费的使用效率。此外，实验室或研究中心由联邦政府出钱，是独立核算的研究机构，其科研实力为整体创新水准提供了坚实的基础。日本高校体制改革适应了市场化的需求，高校科研经费管理效率高，并持续加大经费投入。日本还允许高校自主拓展科技创新的经费渠道，加强与企业联系，开展竞争性的科研资金管理制度。日本于 2004 年进行了大学体制改革，大学不再属于国家行

---

① 　参见周倩：《高校科技管理人员专业化建设研究》，华东师范大学博士学位论文，2006 年。

政组织，而是有了独立的自主发展权利，能够自主拓展科研经费渠道。为鼓励高校科学研究争创世界领先地位，日本文部科学省从 2002 年开始实施研究基地创建费等补助金的计划，专门资助各高校的研究院、研究中心进行创新性研究。①

在高校产学研协同创新上：美国的产学研协同创新研究，主要聚焦于高校和企业，政府高度重视高校、政府和社会的协同创新。美国高校和国家实验室主要承担基础研究，其中，国家实验室多数都设立在大学里面。在高校的周边，政府集中建立了大量的高新科技工业区，促进高校与企业和非盈利机构的合作，为学生到企业机构进行创新实践创造条件，鼓励高校师生利用创业孵化器进行创新创业，加快科研成果转化。日本的产学研协同创新的体制完善，高校的科技创新几乎从开始发展期间，就走着产学研的步子，只是从最开始的"官学研"慢慢变成现在的"研学官"，弱化了政府职能，突出企业功能。并通过建立独立的技术转移机构（TLO）将高校的研究成果进行技术方面和市场价值方面的评价，并买断成果使用权，用于指导相关企业将创新成果最大化开发利用，来促进大学科研成果向企业转移。在高校的教学管理方面，日本的高等教育专

---

① 参见黄月:《高校科技创新制度保障体系研究》，武汉理工大学硕士学位论文，2017 年。

业细分程度较高，如早稻田大学专门设立了科技传播专业，侧重对科技记者的培养；东京大学通过专业的学科设计，培养专门的科技测译员等。①

二、加强科研团队建设，构建团队保障体系

在高校科研团队的组建上：国外高校科研团队的组建方式可以概括为以下四种，且这四种组建方式有一定的交叉融合。其一，以实验平台为基地组建高校科研团队。在美国、英国等西方发达国家有一定典型性，特别是一些大型实验室，如美国哈佛大学的杰弗逊物理实验室、英国剑桥大学的卜文迪什实验室等。其二，以研究中心为载体组建高校科研团队。美国高校研究中心包括研究院所，一般根据跨学科研究任务来建立，是一种相对稳定的研究平台，同时兼顾跨学科教育。其三，以计划项目为依托组建高校科研团队。往往是以一定的研究任务为目标，集中高校在某个学科领域方面的资源优势，通过几个相关院系联合或几所高校之间的交流与合作，也有的是高校与其他机构之间的合作，进行大跨度合作来共同完成研究任务。其四，以科研课题为纽带组建高校科研团队。一般而言，其规模是所有科研平台中最小的。课题项目和计划项目很相似，是为了解决一个相对独立、内

---

① 参见黄月：《高校科技创新制度保障体系研究》，武汉理工大学硕士学位论文，2017年。

容较单一的科学技术问题而组建的。①

在科研团队的管理模式上：国外高校对科技创新团队的管理模式分为两种。第一，内部管理模式。包括科学制定合理的实施决策、进行及时有效的沟通。在国外，学术带头人都拥有行政和学术两种权力，既可以随时清理团队中的不良因素，又可以及时吸纳人才加入。在制定决策的时候，一定要征求多方的意见及建议，充分发挥集体的智慧，可以避免冲突的产生并减少成员之间的矛盾。在美国，不论科技创新团队还是科研型实验室，都举行大量学术交流或学术研讨的会议。在会议中科研人员可以畅所欲言，提出自己的看法。这种开放的、自由的学术交流可以增加团队的凝聚力。第二，内外协调模式。这种模式主要是针对本团队以外的人员和组织，是彼此间进行合作时所使用的措施和方法。高校科技创新团队的科研工作不可能是独立完成的，肯定会与其他人员或组织进行有效的合作，特别是与高校管理人员及其有关部门、政府及其职能部门、企事业单位和社会团体等开展有效合作。这时外部协调的工作尤为重要。② 并且，国外高校科研团队一般都有依托单位，因此，团队与其所依托单位

---

① 参见于铎:《我国高校科技创新团队培育问题研究》，哈尔滨理工大学硕士学位论文，2014 年。

② 参见于铎:《我国高校科技创新团队培育问题研究》，哈尔滨理工大学硕士学位论文，2014 年。

的关系非常重要。在斯坦福大学，跨学科的实验室、研究中心以及研究所等独立研究机构由学校直接管理，这些机构均需向校级行政人员汇报工作。①

　　在科研团队的科研保障体系上：科研经费、仪器设备等科研基础条件，是国外高校科研团队运行和发展的基本保障。依托基地平台和科研设施等科研物质条件组建科研团队，是一种常见的科研团队组建方式。对科研保障体系可以主要从科研经费、科研服务两个方面进行分析。科研经费是开展科研创新和其他各项工作的最根本物质基础，由于美国的教育和科研投资非常大，每年教育投入大约占 GDP 的7％，政府每年提供了上千亿美元的科研投标资金，再加上社会赞助、企业投资和赞助，因而美国的高校和研究机构能获得数额巨大的科研经费。充足的经费保障可以购置先进的实验设备和仪器，招募优秀的科研人才，建立强大的数据库。国外高校科技创新团队既要有充足的科研经费支持，还要有良好的科研服务保障，这里所说的科研服务保障是指为科技创新团队提供优质的科研服务和营造良好的学术氛围。一方面，西方高校为科研团队与科研人员提供的优质的科研服务主要包括优质科研平台和信息平台。德国洪堡大学是高校科研职能的发源地，非常重视各种科研平台建设，特别是

---

① 参见张茂林：《创新背景下的高校科研团队建设研究》，华中师范大学博士学位论文，2011 年。

合作研究中心、跨学科平台建设，目前洪堡大学牵头建立的合作研究中心有 13 个，是德国高校中最多的。[①] 另一方面，国外高校还非常重视跨学科、跨院系研究中心的建设。在研究中心里，可以让来自不同学科、不同团队的科研人员自由、平等地交流。与此同时，西方国家大多营造了宽松的学术氛围，高校也秉承着学术自由和科学精神的宗旨，比如哈佛大学"与真理为友"的校训。这些都为科研成果的产生提供了巨大的支持。

第三节　国外高校科技成果转化及产业模式

一、加速政产学研深度合作，推进高校科技成果转化

美国、日本、德国和英国等主要发达国家非常重视高校的科技成果转化问题。这些国家的高校成果转化率高，除了拥有较强的创新能力、大量的科研成果之外，各国更是制定完善的立法和政策体系，增加经费投入，设立专门的管理机构，推进政产学研深度合作，为科技成果的转化创造了良好的法律、政策和管理环境，提高了成果转化

---

① 参见张茂林：《创新背景下的高校科研团队建设研究》，华中师范大学博士学位论文，2011 年。

率。① 在立法方面，美国早在 20 世纪 60 年代后期，为了保持经济技术的发展优势，通过完善专利法，颁布促进科技成果转让法和健全行政管理法等来促进科技创新和转让。《拜杜法案》允许大学和企业通过合作获得政府资助，并对研发出的科技成果持有一定的权利等规定，更是对美国科技成果转化有着深远的影响。日本在 20 世纪 90 年代先后制定了《大学技术转移促进法》《科学技术基本法》等多部法律，规定了研发人员对其科技成果享有专利权，提高了科技成果转化的积极性，这些法律的制定和实施推动了日本自主创新的科技发展模式。德国在二战后，不仅制定了一系列与科技有关的法律，许多的法律法规中都有促进科技进步、保障经济发展的规定，而且还出台了扶持中小企业创新科研技术的法律法规，为德国的技术创新和成果转化提供了强有力的法律保障。② 从国家政策方面来说，发达国家制定了许多促进科技成果转化的优惠政策，具体有：政府对高校的科技研发活动予以资金支持，鼓励高校为社会服务；政府对高校的专利予以所有权优惠，高校可以自主决定将该成果转化，并从中获得利益；政府奖励在科技成果转

---

① 参见马娜娜：《高校科技成果转化法律促进研究》，西北大学硕士学位论文，2016 年。
② 参见马娜娜：《高校科技成果转化法律促进研究》，西北大学硕士学位论文，2016 年。

化方面有突出成就的单位和个人①；以及对教育的高度重视、对人才的培养和引入等。

从机构设置方面来说，美国、日本等大学，一般都设立有技术转移机构，负责科技成果信息的收集、专利的申请和技术转让等，促进了高校科技成果有效、高质量地转移到产业领域。美国的科技成果转化率远远领先于世界其他国家和地区，最关键的一个原因在于美国大学联合创建了众多科技园区并取得了飞速发展，比如著名的斯坦福大学周边的科技园。日本在政策制定、资金支持、机构服务以及资本市场完善等方面进行了全面的制度创新和组织创新，改善了企业风险投资的软硬环境。②日本的风险投资采用的模式是在充分发挥规模效应和集团优势的基础上，通过政府、企业筹集大量资金，以股份公司的组织形式参与和支持风险企业的发展。③英国、法国和澳大利亚也分别成立了专门负责科技成果转化的政府职能部门，其组成的人员也从原来以政府科技官员为主，改变为官、产、学、研等多方面人员共同参与。④

---

① 参见郑剑华：《国外的成功经验对科技成果转化的启示》，《海峡科学》2007 年第 7 期。
② 参见马娜娜：《高校科技成果转化法律促进研究》，西北大学硕士学位论文，2016 年。
③ 参见梁鹏、王同顺：《风险投资模式的国际比较研究》，《财经理论与实践》2008 年第 1 期。
④ 参见张健华：《高校科技成果转化中的政府职能研究》，南开大学博士学位论文，2010 年。

二、探索科技创新产业模式，推动科研成果加速应用

从国外高校科技产业组织发展的历程我们可以看到，高校科技产业组织发展的主要模式有以下几种。

其一，参与创建科技园区。高校以技术成果、科研人员、技术人员、学生为依托参与科技园区的建设，成为高校科技产业组织发展的一个主要模式。美、英、日等国先后建立的数百个高新技术开发区大多有高校参与创建。其二，科研人员直接创办企业。高校中有着丰厚技术储备和活跃思维能力的老师和学生直接兴办企业，高技术、高风险、高投入、高回报的发展模式是这一类型的最大特点。[1] 其三，风险投资参与。高校的高新技术成果吸引了大量社会风险投资聚集在高校周围兴办高技术企业。实现了技术和资金的优势互补和共同成长。[2] 由于风险投资在推动高校科技成果产业化、提高科技实力和经济竞争力方面的巨大作用而得到各国政府的大力支持。[3]

国外的校企关系无论从合作形式还是平台建设上都已趋

---

[1]　参见金明浩：《高校科技产业组织模式创新研究》，《教育现代化》2017年第2期。

[2]　参见金明浩：《高校科技产业组织模式创新研究》，《教育现代化》2017年第2期。

[3]　参见刘改会：《高校科技产业发展模式探索》，西南大学硕士学位论文，2007年。

于成熟。合作形式上主要有科研承包、合作研究、联合办学、科学园技术革新中心、咨询服务等形式。大学和企业通过合作培养人才，建立工业实验室，在应用和基础研究领域进行项目开发并通过专利共享科研成果获得各自的利益。科学园和咨询服务是美国校企合作的两大特色，咨询服务是大学与企业间形成更高级合作的第一步，美国大学有三分之一的教师从事各种各样的咨询服务。①

三、推进军民融合深度发展，助力科技创新成果转化

在军民融合推动技术产业化发展的背景下，逐渐形成了以美国、英国为代表的"军民一体化"，日本、德国为代表的"以民掩军"的模式。特别地，美国国家制造创新网络计划通过军民一体化加强制造创新，形成辐射全美的制造创新网络，公私合作、军民一体、资源共享作为美国国防制造创新政策的基石，在很大程度上实现了一条高效、安全、可持续的发展途径，推动新技术的产业化发展。其促进军工科研院所国防科技成果的先进做法主要有：一是成立了国防技术转移办公室（OTT）全面负责国防科技成果转移转化的组织、领导和协调工作，大大促进了军工科研院所国防科技成果转民用。二是形成了相对完善的政策法

---

① 参见刘改会:《高校科技产业发展模式探索》，西南大学硕士学位论文，2007 年。

规体系，规范了相关转移转化的程序和制度，明确了降密解密、价值分割、权益归属等众多难点问题，为科研人员松绑，同时也大大调动了大学、中介机构和国防科研院所的积极性，形成了国防科技成果转化的良性循环。三是建立了国家级科技中介机构，通过技术评估机构来推动成果转移工作的开展，形成了较为完善的科技成果转移服务体系。四是建立了完善的风险投资机制，政府制定了一系列有利于建立风险基金的税收减免、证券发行、金融倾斜等科技优惠政策，吸引了大量风险投资机构积极参与到国防科技成果转化中来。五是形成了层次清晰、权限分明、管理有序的国防科技成果转化模式，主要有政府核心决策层、机构管理协调层、应用平台服务层以及转化主体执行层。六是注重项目前期的政府资金扶持模式和项目后期的政府嫁接转化模式。[1]

在二战结束后，日本官方不被允许成立从事武器装备生产的工厂，因此日本建立了以民营企业为主的军工科研院所，政府通过间接资助的方式促进其发展和壮大。[2] 项目式资助是其主要方式，每年都有数额巨大的资金项目投入到民

---

[1] 参见晏强：《军工科研院所国防科技成果转民用模式研究》，西南科技大学硕士学位论文，2017 年。

[2] 参见谷颖：《军民融合式国防科研投资研究》，国防科学技术大学硕士学位论文，2011 年。

营企业中，支持其开展国防科技研究，形成的研究成果直接为军队服务，同时，相关国防科技成果也可直接转化为民用，即通过"以民掩军"的方式实现了军民科技融合和人才培养的军民融合。这样的模式也深刻地反映了日本在支持国防科技成果研究、开发军民两用技术的过程中所体现出的官、军、民一体化的决策运行机制，三方职责任务清晰、分工明确、衔接有序，实现了计划与市场的完美结合，既实现了政府和军方的军工任务和国防要求，又实现了民营企业利润目标①。

德、法、意、西班牙等国同属欧盟，它们充分认识到单一欧洲国家在人才、资源、需求等方面的局限性，不约而同地采取了内外结合的方式实施军民融合。对内，它们重视和强调军民两用技术的相互转换和利用，使军用技术发展根植于国民经济建设和基础研究之中；对外，通过整合多国资源实现重大战略项目的落地，在整个欧洲甚至世界范围内实现资金、人才、资源、技术、设备的共享，进一步加快欧洲防务一体化进程。②

---

① 参见晏强：《军工科研院所国防科技成果转民用模式研究》，西南科技大学硕士学位论文，2017 年。
② 参见金一南：《国外军民融合发展情况及启示（二）》，《中国军转民》2014 年第 4 期。

第四节　国外高校科技创新模式及人才引育

一、重视推进教育体制改革，搭建科技人才培养体系

西方发达国家高校十分注重创新人才的培养，为高校自身、科研机构和企业等单位培养和输送了大量创新人才。美国高校是美国建设创新型国家的重要力量。美国高校之所以能够培养大量的创新人才，主要得益于美国高校成功实施了创新教育。美国是最早实施创新教育的国家之一，在基础教育和高等教育方面，美国最早提出了"素质教育"和"创新领导世界"的概念，并提出了培养大量具有创新素质的优秀人才的大学教育目标；1973 年，美国国家科学基金会先后资助麻省理工学院等四所高校各建立一个创新中心，开始实施创新教育实验。从 20 世纪 80 年代中期开始，逐年加大了对工科创新教育和研究的资助。[①] 当然，高校创新教育的成功还在于美国基础教育的夯实，美国高度重视中小学和学前教育的教学质量，通过深化教育改革，不断提升基础教育阶段学生的各项知识和技能。

近年来，西方发达国家许多研究型大学强化教育改革，加强学科交叉渗透，强调培养复合型人才和创新人

[①]　参见张茂林：《创新背景下的高校科研团队建设研究》，华中师范大学博士学位论文，2011 年。

才。最值得一提的是，随着对本科创新教育理论研究的逐步深入，美国教育界对创新教育的作用认识逐步深化，各种运作机制日趋成熟。如 20 世纪 80 年代美国国家科学基金会以工作站的形式，接纳和资助本科生参与对感兴趣领域的研究。① 美国政府增加科研经费的投入，建立了完善的科技奖励制度，进一步加强了美国在世界科学技术上的中心地位。日本高度重视对科研人才的高效利用，制定专门的高校科技创新成果评价制度和实施指南，对科技活动的评估进行详细规定，对高校的科技项目进行全方位的评估；制定并实施了创新人才培养计划、新兴领域人才培养计划和青年研究员综合计划等，为高校的创新建设培养高素质的创新性科技人才，积累丰富的创新人力资源储备。② 德、法等欧盟国家也采取多种措施培养和留住科技人才，包括改善研发基础设施，提供多种类型的研发经费；在研发框架计划中专门设立人才计划；出台各种政策，鼓励在欧盟范围内科研人才的自由流动，努力实现人才的合理配置等。③

① 参见杨六桎：《美国高校创新人才培养的实践及启示》，《河南社会科学》2010 年第 3 期。
② 参见黄月：《高校科技创新制度保障体系研究》，武汉理工大学硕士学位论文，2017 年。
③ 参见石秀华：《美欧科技人才队伍建设经验及对湖北的启示》，《科技进步与对策》2011 年第 24 期。

二、持续引育海外智力资源，构建科创人才保障体系

美国大学特别是研究生教育的成功，吸引了大量外国留学生，而许多留学生毕业后留在美国，又为美国科技创新能力的发展提供了充分的人才储备。一些重要高科技发明和科研计划的实施，很多都是在移居美国的科学家参与或主导下实现的，这是美国科技创新的最大优势。[1]

美国之所以能成为世界头号经济和科技强国，与其成功的人才引进战略密切相关。其主要做法有：持之以恒的技术移民政策和灵活有效的 H-1B 工作签证计划，为来美留学人员提供丰厚待遇及灵活的用人机制和宽松环境。为留住优秀人才，美国提供了丰厚待遇。如为攻读博士学位的 75％ 的外国留学生以研究助理或助教身份提供全额奖学金。除相对较好的物质条件外，许多人才也乐于选择美国灵活的用人机制和宽松的环境。美国除学术环境比较自由、信息资源比较充裕、大师云集外，还有较多机会为渴望提升个人价值的外来人才提供平台，尊重知识产权且在科研经费和风险资金的投入中体现公平原则。项目评审和经费审批，不管申请人员是院士还是年轻科研人员都一视同仁，保证资金总是流向最有创意的课题和社会需要的项目，以此激发科技人员的创新

---

[1]　参见张厚吉、帅相志：《高等学校科技创新的实践与发展取向》，科学出版社 2009 年版，第 214 页。

意识和进取心。①

　　欧盟各国加强科技人才在欧盟内部的流动和加强他国人才的引进。欧盟特别是德、法等科技强国希望在促进人才流动方面与成员国之间建立伙伴关系，选择对不同层级都有潜在影响的关键领域联合采取行动，如系统性地公开招录，允许携带基金流动，满足流动研究人员需要的社会保障和补充养老金，加强研究人员的培训、技能和经验等。在欧盟范围内，一个有效的服务研究人员的劳动力市场将能平衡人才的供需，有利于整个欧洲范围内产业集群的发展，为合作研究和研究成果的推广创造更好的国际环境。在吸引留学生和科技人才方面，2005 年，欧盟实施了"科学签证"一揽子措施，为欧盟急需的研究人员提供了快速通道；2009 年，欧盟理事会批准了以引进高技术人才为目的的"蓝卡"计划。② 英国政府提出，放宽向科技人才发放劳动许可证的限制，并决定每年拨款 400 万英镑，从国外高薪聘请世界一流科学家。日本也同样放宽各种人才留日政策，大大简化外国人留学手续，为吸引国外科技人才起到了巨大作用。

---

① 参见胡志坚、冯楚健：《国外促进科技进步与创新的有关政策》，《光明观察》2006 年 11 月 24 日。

② 参见石秀华：《美欧科技人才队伍建设经验及对湖北的启示》，《科技进步与对策》2011 年第 24 期。

第五节　国外高校科技治理的经验启示

一、注重构建完善法律法规和政策体系

坚持为高校科技创新提供良好的法治环境与政策支持。一方面，顺应国家把科技自立自强作为国家发展的战略支撑的重大决策部署，强化国家层面对高校科技创新的战略性支持与总体性引领，加强相关政府主管部门对高校科技治理体制的综合统筹职能与顶层牵引效能，在整体性规划战略、教育体制改革、人才创新培养、科技成果转化、知识产权保护等各方面出台相关法律法规，以立法形式将国家重大科技政策与制度固定下来，促进"政—产—学—研—用"多主体深度融合参与，为科技治理体系的构建与深化提供立法保障与法治基础，从而优化高校科技创新生态，激发高校创新主体活力、增强高校自主创新能力、提升高校科技创新能级和核心竞争力，以更好更高效地实现基础性原始创新、技术创新乃至颠覆性创新。

另一方面，重视高校层面科技政策和制度的完善，给予高校更多的政策、项目和其他资源的支持，以充分激发高校创新活力与创新潜能。以国家战略需求和科技治理成效为导向，坚持以制度政策指导科技创新实践机制，从高校具体实际情况出发构建关于高校科技体制机制政策、资源平台引导

政策、基础创新及技术创新政策、科技人才支持政策、知识产权及技术转移政策、科技创新文化政策等多层次、全方位的政策体系，充分发挥政府政策法规对于高校科技创新效能的激发作用。同时，充分利用民间智库等第三方机构的智慧与力量为高校科技创新发展与治理提供政策建议与科技咨询，最大限度地发挥社会各创新主体的能动性、积极性与活力。

二、持续完善科技管理及保障体系建设

探索构建长期可持续发展的高校科技治理的体制机制与保障体系。一方面，以治理制度体系化、治理目标效能化、治理实践闭环化、治理方式智能化为基础，从科创活力、成果评估、产学研协同、成果转化、经费分配、知识产权保护及人员激励等方面建立分散多元、自由民主的科研管理体制，公正客观、完善全面的科研项目管理和评估机制，成熟高效、资源整合的产学研协同创新机制等，切实解决阻碍高校科技创新的结构性、体制性矛盾，实现各项事务治理的程序化、规范化、制度化，以治理体制机制创新激发高校科技创新治理的持久动力。

另一方面，从科研经费与科研服务两方面双管齐下加强高校科研保障体系建设。科研经费方面，充分发挥政府、社会、企业各主体的作用，以政府为主导与引领加强对基础研

究和前沿领域科技创新研究的资金投入，着重关注对国家战略性全局性发展有重大促进意义的颠覆性创新研究，号召企业、社会组织等主体加大对科技创新与研发的力度，倡导企业与高校的科技研发合作，引导企业加大对高校科技创新的资金支持力度，保障先进设备仪器和优秀人才的引进。科研服务方面，一是要打造高水平的优质科研平台，提高设备仪器的先进性与专业性，为科研人员提供研究的基础硬件设施保障；二是要加强多学科之间的交流融合，加快构建跨学科式的研究中心，营造宽松自由、兼容并包的科研氛围与环境，在学科交流与碰撞中激发出科技创新的火花。

三、促进政产学研融合及成果转化应用

首先，应通过完善法律法规和制度规范，加强研究方向选择要以国家急迫需要和长远需求为出发导向的理念，构建起高效有力、现实可行的具体化操作体系；不断增强高校问题意识，形成前瞻性和战略性目标需求牵引，加快形成点线面结合的科技创新结构布局，让产学研合作及成果转化有所可依。

其次，应搭建政产学研沟通合作的常效机制和长效机制，促进"政—产—学—研—用"在理念、机制和执行上的大力协同，以政府科技官员为主，同时倡导官、产、学、研等多方面人员的共同参与，充分调动和发挥各方在科技成果

转化中的优势和活力，催生重大科技成果产出及转化。

再次，应设立负责科技成果转化的政府机构部门，统筹协调各领域、多层次、全方位的科技成果转化各环节、多链条与全过程；在政府机构和高校内部培养科技成果转化的专业人才，并制定针对高校、企业、科研院所、中介机构等多元主体的切实有力的激励机制，以调动各方在成果转化中的积极性，切实加强技术供给方与市场需求方的联系纽带，实现科技成果的落地转化。

最后，通过探索有效的科技创新产业模式、实现军民科技成果交流转化等方式，促进科技成果的转化和应用。比如通过设立专门的高新科技园区、鼓励科研人员在合法合规的流程下直接开办企业、加强多领域和深层次的校企合作、倡导规范化的科技中介机构运营等措施，从而构建公私合作、军民一体、资源共享、高效协同的科技成果转化平台与机制。

四、加大科教投入和科技创新人才引育

坚持科教兴国战略与人才引进策略以促进高校科技创新高水平化。一方面，应不断深化教育体制改革，夯实基础教育、引进创新教育、积极探索多维度考核评价标准，进一步理顺高校科技人才培养机制体系：依托高校科技创新平台深入推进科教融通，全方位谋划基础学科人才培养，突出基础

学科引领作用；加强学科交叉渗透与交流融合，着重培养新时代所需的高水平复合型人才和创新型人才，攻克关键核心技术"卡脖子"问题；夯实高校的科研基础，提高高校的整体科研水平和实力，并在政策、资金、平台等多方面给予充分有效支持，以营造环境自由、信息充裕、人才聚集的优质科研环境。

另一方面，在人才管理上，制定与经济社会发展相适宜的人才计划，加强对科研人才的培育、扶持、激励、保留和引进。一是要加大外来高层次人才的引进力度，在留中手续、薪资水平、科研项目、设备配置等方面给予优待与支持，做到按需引进与精准引进，吸引一批具备科技前瞻视野与顶尖科研能力的世界一流科学家来华进行科研创新活动，推动关键核心技术突破与新兴产业发展；二是要坚持国家需求和社会需要的研究导向，在项目评审和经费审批中着重体现公平原则，保障资金流向最有创意、最有意义、最有潜力的项目，着重激发青年科研人才的积极性和进取心，保障人才纵向流动的畅通，营造富有生机与活力的科研人才体系。

第八章

促进高校科技治理现代化的策略及路径 [①]

第一节 高校科技治理现代化的思路与目标

一、促进高校科技治理现代化的重要意义

高校科技治理体系和治理能力现代化，是高校治理体系和治理能力现代化的重要表征，亦是国家科技治理体系和治理能力现代化的重要内容。高校科技自主创新，离不开科技治理的基础性、引领性、支撑性保障。高校治理现代化视域下，科技治理的保障作用及效能，不仅体现在科技管理机制和政策等对于科技创新活动的引导、规范与规制，很大程度还反映于其能否激活创新要素与动能，聚焦科技前沿和国家重大战略，突破机制制约和瓶颈障碍，驱动自主创新活动的可持续和高产出。

近年来，我国高校在以科技创新促进"双一流"建设、

[①] 参见蔡劲松、刘建新：《"十四五"时期高校科技治理现代化的逻辑与路径》，《北京航空航天大学学报（社会科学版）》2021 年第 2 期。

促进国家科技进步和经济社会发展等方面取得了重大进展，但也同时存在科研创新对国家科技战略支撑不够、对国际科技前沿引领不够、内部学科交叉融合集成不够、重大技术扩散转化不够等突出问题。高校在贯彻落实中央提出的"坚持创新驱动发展""促进科技自立自强""加快建设科技强国""强化国家战略科技力量"以及"完善科技创新体制机制"等一系列重大决策部署中，尚存在较大差距和不足，亟待加快建设和完善科技创新治理体系，发挥支撑和引擎作用。

从科技治理的视角剖析以上问题的原因，我国高校除了仍然存在科技基础薄弱领域、高端人才不足等因素外，主要还在于对现代科技治理的内涵探究不够深入，尚未完全形成有效的现代科技治理模式与机制，尤其需要从体系系统工程的角度，将科技治理作为一个复杂体系进行综合考量、整体规划、统筹实施，进一步深化高校科技治理现代化的内涵，形成创新的基础理念与共识。构建完善高校科技治理体系，对于促进高校科技治理现代化，具有十分重要的意义。

其一，促进高校高质量、内涵式发展，是高校科技治理现代化的根本诉求。当前，我国高等教育已进入高质量内涵式发展新阶段，高校科技治理"十四五"及今后更长时期发展思路、机制探索、政策路径、实施举措等规划的制定与落实，都应围绕这一新阶段新规律新特征，不断健全高校科技创新驱动引领高等教育高质量、内涵式发展的体制机制，以高校科技治理现代化强化科技创新的支撑引领能力，带动高校治理体系现代化，实现高校育人体系、创新体系、社会服务体系、文化传承体系等的整体升级转型。

其二，增强高校改革活力、激发创新动能，是高校科技治理现代化的价值旨归。当前，我国科技实力正在从量的积累迈向质的飞跃，从点的突破迈向系统能力提升。高校作为国家科技创新体系的核心力量，迫切需要从数量驱动、效率驱动迈向创新驱动，无论科技创新的目标需求、资源配置、平台创建，还是人才聚集、研发产出、创新循环等，都应当以增强高校改革创新活力、激发科技创新引领动能，作为科技创新及其治理的价值旨归，进而促进高等教育高质量可持续发展。

其三，为高校科技创新提供支撑保障，是高校科技治理现代化的实践要求。高校科技治理的价值体现在其能够为推动高校科技创新搭建科学的治理体系框架，提供完善的发展支撑机制、服务保障环境与措施。从实践要求看，高校科技治理的对象具有全方位和综合性、复杂性、动态性等特征，高校科技创新活动需要现代化的治理手段，构建有效的治理传导机制，从体系、制度、举措等层面提供全面支撑保障，更好更高效地实现基础性原始创新、技术创新乃至颠覆性创新，最终实现高校科技创新的战略目标。

二、促进高校科技治理现代化的总体思路

以习近平新时代中国特色社会主义思想为指导，紧紧围绕 2035 年基本实现社会主义现代化的战略目标，坚持创新驱动高等教育高质量发展，把高校科技自立自强作为"双一流"建设和科技强国建设的坚实支撑，面向国家治理现代化特别是科技治理体系及治理能力现代化紧迫要求，面向世界科技竞争最前沿，面向我国经济社会建设主战场和关键科技领域"卡脖子"难题，坚持科技创新和科技治理双轮驱动，以构建完善高校科技治理体系、增强治理能力为根本，以科技治理效能激发高校自主创新动能为核心，以创新高校科技治理体制机制为重点，积极探索科技创新协同治理模式，促进"政—产—学—研—用"多方参与、协同共治，不断优化高校科技创新生态、激发高校创新主体活力、增强高校自主创新能力、提升高校科技创新能级和核心竞争力，切实发挥高校在国家科技体制创新中的示范带动作用，进一步夯实高校作为学术新思想、科学新发现、技术新发明、产业新方向等国家科技战略策源地的基础性地位，一体推进高校科技创新能力和科技治理效能高质量高水平发展，为加快"双一流"大学建设、早日实现中华民族伟大复兴的中国梦提供强大的科技力量支撑。

三、促进高校科技治理现代化的基本原则

——坚持问题导向、需求导向，健全科技治理体制机制。针对高校存在科技创新治理定位不清晰、机制模式不适应、协同创新不够强、重大成果不突出、转化成效不充分、科技评价不完善等突出问题，强化国家战略需求导向和科技治理成效导向，增强前瞻性、科学性、实效性，深化高校科技治理体制机制改革。

——坚持创新牵引、双轮驱动，明确科技治理目标任务。围绕高校服务创新型国家和世界科技强国建设的战略定位，坚持科技创新与科技治理双轮驱动，进一步明确和解决高校自主创新动力、科技治理支撑等主要目标任务，营造开放包容、保障有力的自主创新环境。

——坚持统筹协调、激发活力，增进科技治理综合效能。积极应对当代科技创新和科技治理的重大挑战，遵循高校创新发展规律和科技治理规律，激发高校科技创新治理多方主体的积极性、能动性，构建以治理绩效为杠杆的资源配置模式，以治理效能促科技创新发展。

——坚持改革试点、系统推进，打造科技协同治理格局。主动融入国家治理现代化大格局，重点面向世界科技前沿和关键科技领域"卡脖子"难题，坚持分类指导、系统推进、聚合协同，加强高校科技治理改革试点的顶层设

计和重点突破，筑牢多层级、多跨度的高校科技协同治理网络。

四、促进高校科技治理现代化的总体目标

到 2025 年，基本建成"立治有体、施治有序"的高校科技治理体系与治理能力现代化格局，高校科技治理体制机制、政策支撑体系、运行保障体系更加健全和完善，高校科技创新生态营造力、自主创新策源力、重大成果产出力、国家需求引领力显著增强。

到 2035 年，全面实现具有中国特色的高校科技治理体系及治理能力现代化，在国家科技创新治理体系中发挥关键节点作用，为全面实现高水平科技自立自强，进入创新型国家前列提供强大支撑。

第二节　高校科技治理体系和能力
建设的重点任务

一、深化改革，创新高校科技治理体制机制

——加强顶层设计，改革高校科技治理体制机制。构建完善高校科技创新治理体系，促进高校科技治理现代化，不仅是高校自身形成新发展格局的迫切需要，也是不断提升高

校自主创新能力、为建设世界科技强国提高高校科技供给质量和水平的现实需要。要加强高校科技治理体制机制的顶层设计，探索高校科技治理综合改革试点，促进"政—产—学—研—用"在理念、机制和执行上的大力协同，着力解决制约高校科技创新的结构性、政策性、体制性矛盾与障碍，在深化改革中推进高校科技创新与人才培养、学科建设、社会服务、文化传承创新聚合统一、聚焦发展，以科技治理现代化变革，推动高校自主创新动力、质量和效能的变革。

——夯实基础力量，壮大高校科技治理主体。推进高校科技治理现代化是一个系统工程，涉及政府、高校、社会等多方面、多层级、多跨度的治理主体。根据不同科技创新治理主体功能定位和使命要求，加快推进分类管理改革，探索实施章程管理，构建完善主体多元、开放协同的高校科研布局、研发及科技治理体系。完善高校科研组织模式，优化学科布局、促进学科交叉，鼓励跨学校、跨地区、跨行业组建项目团队，健全协同创新与集中攻关机制。进一步扩大科技治理相关主体尤其是高校的科研机构在科研申报立项、创新组建团队、成果处置应用、职称评审晋升、项目设备采购、经费合理使用等环节的自主权。以高校科技创新治理主体为纽带，引导和支持各类创新主体加强协同创新，从治理机制上探索推进实验室开放、仪器设施共享、科研人员有序流动，构建责任共当、契约互信、利益共赢的协同治理途径，培育形成科技创新集群治理竞争优势。壮大高校科技创新治理主体，探索构建高校科技治理战略联盟，充分发挥社会类科技组织在高校科技创新体系中的重要作用，鼓励高校深度参与军民融合创新体系，积极应对其诸多因素的影响以及潜在的各种挑战。

——调整优化结构，探索高校科技治理新模式。探索构建"二维—三层—四化—五融—六核"的高校科技创新协同治理模式，即：强化统筹高校科技治理"内部、外部"两个治理维度、"理念层、机制层、执行层"三个治理层面、"制度体系化、目标效能化、方式智能化、实践闭环化"四个治理内核、"机制与政策互构融合、项目与平台优化融合、学科与团队交叉融合、风险与预防并置融合、问题与需求牵引融合"五个治理路向、"机制影响—政策供给—要素集成—研发产出—风险评估—动态适调"六个相互支撑、相互促进、相互耦合的治理途径。

二、对接需求，完善高校科技治理政策体系

——以战略需求为导向，健全完善高校科技治理制度。围绕创新驱动发展战略实施，紧扣创新型国家建设赋予高校的目标任务，以提升科技创新支撑引领为目标，切实加强高校科技治理制度体系化建设。结合高校科技创新实际，进一步梳理高校科技创新治理政策法律法规，强化高校科技发展

与立法互动，积极促进国家科技治理政策的修订与完善。加强高校科技治理制度建设工作的联动性，加快制定完善适应发展需求的高校科技治理内部政策法规，完善激励高校科技创新的政策法律制度、促进科技成果转化等法律法规机制，探索形成政府政策统筹引导、高校具体政策措施配套推进的良好制度环境。

——以政策驱动为纽带，发挥高校科技治理的牵引功能。在深化高校科技创新治理上出真招、出实招，研究出台《深化高校科技体制机制改革加快推进高校科技治理现代化实施细则》等系列文件。聚焦国际科技竞争前沿，适时调整高校科技治理政策法规举措，在大数据、5G、人工智能、区块链、高端芯片、智能制造等关键技术领域，以更加开放的姿态和高效的治理手段推进技术标准化、标准国际化，加快相关政策与技术标准相互认可、转化运用，促进科技治理的牵引功能及互联互通。

——以服务保障为要求，促进高校科技治理政策举措落地。从高校科技体制机制政策、科技治理法律法规制度、资源平台引导政策、基础创新及技术创新政策、科技人才支持政策、知识产权及技术转移政策、科技创新文化政策等方面，总结梳理、修订汇编《高校科技创新治理政策法规文件汇编》，不断完善保障科技创新治理的制度环境，发挥政策驱动功能，增强政策透明度，扩大政策知晓度，供高校及相关科技创新治理主体参考使用，提高政策落实率，使其成为健全完善高校科技创新治理体系的重要支撑。

三、联动协调，打造高校科技协同治理格局

——筑牢多主体多层级多跨度的协同治理网络。在国家治理的宏观框架下，构建高校科技治理的内部、外部融合创新发展的良好环境。强化政府主管部门的综合统筹发展职能与顶层牵引效能，发挥高校的积极性、主动性、创造性，同时汇聚多方力量和资源，共同构建跨层级、跨区域、跨行业、跨高校、全周期、多方位的高校科技协同治理体系，更加注重治理能力建设，破解科技治理瓶颈、畅通协同治理渠道，推动形成更加坚实、更加完善、更具活力的高校科技协同治理新格局。

——坚持"五个融合"，提升高校科技协同治理能力。一是夯实高校科技治理着力点，促进高校科技治理机制与政策的互构融合；二是夯实高校科技创新点，促进高校科技治理项目与平台优化融合；三是夯实高校科技创新关键点，促进高校科技治理学科与团队交叉融合；四是夯实高校科技治理防控点，促进高校科技治理风险与预防并置融合；五是夯实高校科技发展增长点，促进高校科技治理问题与需求牵引融合。

四、双轮驱动，增强高校科技自主创新能力

——提升高校科技治理效能，催生科技自主创新动能。坚持科技创新和科技治理双轮驱动，以增强高校改革创新活力、激发科技创新引领动能，作为科技创新及其治理的价值旨归，促进高校科技治理从数量驱动、效率驱动迈向创新驱动，从科技创新的目标需求、资源配置、平台创建到人才聚集、研发产出、创新循环等，全面实现治理效能提升，为推进高等教育高质量发展提供支撑保障。

——适应强化战略科技力量需求，加快高校科技组织模式创新。针对当前我国高校科技创新治理体制机制存在的问题和不足，尤其需要在围绕国家重大需求、强化战略科技力量方面，加紧布局、加强统筹，着力加快推进高校科技组织模式创新，形成需求牵引、基础夯实、关键带动、体系完善的高校科技创新模式和治理体系。以现有高校国家级重点实验室、国家级工程研究中心、省部级重点研究基地为基础，不断优化高校科技创新基地布局，支持高校参与国家实验室建设，创建若干国家研究中心，更好地发挥高校科技引领作用。给予高校国家级、省部级重点科研创新平台基地持续稳定的支持，促进优势学科领域、交叉前沿方向实现国际上的并跑领跑。强化高校科技创新平台管理与绩效评估，对于成绩突出的基地在重大项目立项、基础设施投入、大型仪器设

备购置等方面予以政策倾斜和奖励。进一步推进高校高端智库建设，探索健全高校智库管理机制，完善高校智库内部治理体系，突出服务国家战略研究的价值取向和功能目标，加强前瞻性、预判性、储备性、纵深性研究，提升高校智库的咨政功能和服务决策能力。着力探索"政—产—学—研—用"合作新机制新模式，围绕产业关键核心技术和前沿共性问题，重点深化校企合作，对接创新链和产业链，加快推进高校科技成果转化应用，以高校科技创新成果转化成效支撑国家战略和经济社会发展。

——增强高校基础研究和关键核心技术攻关能力。深入贯彻党的十九届五中全会关于强化国家战略科技力量的决策部署，贯彻落实《国务院关于全面加强基础科学研究的若干意见》《科技部、发改委、教育部、中科院、自然基金委关于加强从 0 到 1 基础研究工作方案》等文件精神，不断提升高校在基础研究和关键科技领域核心技术的攻关能力。基于全球科技和产业变革的大背景，引导高校坚持系统观念和创新思维，重点聚焦数理基础智能、信息材料能源、生命生物科学、空天深地深海等前沿交叉领域，组织实施一批具有基础性、前瞻性、战略性的国家级重大攻关项目，促进项目、基地、人才、资源协同联动，在关键领域、"卡脖子"的地方下大功夫，力争实现前瞻性基础研究、引领性和颠覆性原创成果的重大突破，为全面深入推进世界科技强国建设贡献高校更大的力量。

——改进高校重大科研项目立项实施与过程管理。围绕国家重大战略，聚焦重大科学问题，超前谋划设计基础性、前瞻性、关键性重大科研项目。建立健全重大关键核心技术攻关项目形成和组织实施机制，建立对原创性、颠覆性、交叉学科创新项目的非常规评审及支持机制。改进重大科研申报、立项管理，探索有组织的高校科研申请及实施模式，重点考察储备一批基础积累深、创造能力强、创新后劲足的高校科研创新团队，定向发布重大攻关项目，探索"揭榜挂帅"和合同化管理新机制，引导高校高水平科技创新团队积极承担和集中攻关。在高校科研项目、科教融合、基地建设、国际科技合作等项目实施中，精简申报流程和要求，减少科研项目实施周期内一般性检查评估和审计等活动。赋予科研人员技术路线决策权，在不改变研究方向和降低成果指标的前提下，允许调整研究方案和技术路线。开展科研项目经费预算编制改革试点，探索实施科研经费管理巡查制度，加强风险管控。

五、优化环境，营造高校科技创新良好生态

——涵育高校科技创新文化，改进科技评价方式。贯彻新发展理念，满足科技自立自强和建设科技强国对高校科技创新的战略需求，涵育营造高校科技创新文化。以扎实推进

高校科技创新"转学风、提质量"攻坚行动为抓手，树立正确的科研创新观和价值观，打造开放包容的科技创新文化环境，推动高校科技创新工作高质量转型发展。深入贯彻落实中共中央办公厅、国务院办公厅《关于深化新时代教育督导体制机制改革的意见》，改进完善高校科技评价方式和途径，在评价导向上落实国家意志、战略需求、特色牵引和政策驱动，探索"一校一策"的科技治理制度政策创新，探索提供"诊断式"评估、"预警式"监测、"促建式"评价反馈，提高高校自主创新的活力与效率。

——培养高校科技"创新 + 治理"型双领人才。加大高校科技高端人才和一流创新团队引育力度，完善激发高校科技人才积极性的科学评价及约束、激励机制。回应高校科技发展和安全治理迫切需要，加强知识产权、科技治理等相关学科建设，加强法治、公共管理和科技复合型人才培养，努力打造一支既懂法律、公共管理又懂科技的专家型、国际化高层次人才队伍。持续提升高校各科技创新主体的现代治理意识，大力倡导以尊重和保护知识产权、促进高校科技发展和安全为重要内容的科技治理理念，让一切创新成果得到尊重，让一切创造活力竞相迸发。

——弘扬新时代科学家精神，加强高校科研伦理建设。深入贯彻落实中共中央办公厅、国务院办公厅《关于进一步弘扬科学家精神加强作风和学风建设的意见》，激励高校科技工作者自觉践行爱国、创新、求实、奉献、协同、育人的新时代科学家精神，进一步健全激励科技工作者干事创业、创新作为、恪守伦理的体制机制。高校科技伦理的发展方向对整个社会伦理道德的建立和完善有着极为重要的意义。高校要把科学研究与社会责任联系起来，帮助科研人员树立正确的伦理意识，确保高校的科技创新保持在正确的轨道上。要探索构建有效的高校科技伦理治理体系，形成"事前预防—过程管控—事后追责"全过程、多维度的科技伦理治理机制，同时不断完善高校自身的科技伦理责任体系，让高校的科技伦理治理有据可依、有据必依。

第三节　提升高校科技治理现代化水平的路径及对策

新时代背景下，我国高校科技工作进入高质量发展新阶段，科技创新与治理的国内国外环境和宏观政策环境都将发生深刻变化，面临着新形势、新阶段、新理念、新格局、新目标和新要求，必须深入深刻把握党的二十大精神，统筹科技发展和安全，树立系统观念，掌握战略主动，坚持问题导向、目标导向、结果导向，着力提升高校科技治理效能，重点从如下四个方面的策略与路径选择予以推进落实。

一、顶层设计治理体系，营建自主创新环境

构建完善高校科技创新治理体系，促进高校科技治理现代化，不仅是高校自身形成新发展格局的迫切需要，也是不断提升高校自主创新能力、为建设世界科技强国提高高校科技供给质量和水平的现实需要。对科技创新来说，科技资源优化配置至关重要。政府职能部门和高校应加快统筹国际国内、校外校内两方面的大局，充分汇聚和利用内外部资源，以转变职能的实践要求和改革创新的精神，将高校科技治理更深地融入国家科技治理体系供给侧的结构性改革中，融入高校"双一流"建设科技创新体系的全方位演进和多层次开放进程中。

其一，完善高校科技治理体制机制的顶层设计，探索高校科技治理综合改革试点，促进"政—产—学—研—用"在理念、机制和执行上的大力协同，着力解决制约高校科技创新的结构性、政策性、体制性矛盾与障碍，构建完善主体多元、开放协同的高校科研布局、研发及科技治理体系，在深化改革中推进高校科技创新与人才培养、学科建设、社会服务、文化传承创新聚合统一、聚焦发展。

其二，不断壮大高校科技治理主体，夯实基础力量，根据不同科技创新治理主体功能定位和使命要求，加快推进分类管理改革，完善高校科研组织模式，优化学科布局、促进

学科交叉，鼓励跨学校、跨地区、跨行业组建项目团队，健全协同创新与集中攻关机制，引导和支持各类创新主体加强协同创新，从治理机制上探索推进实验室开放、仪器设施共享、科研人员有序流动，构建责任共当、契约互信、利益共赢的协同治理途径，培育形成科技创新集群治理竞争优势。

其三，以开放包容的创新环境营造增强高校科技的基础性支撑能力，加大科技高端人才和一流创新团队引育力度，完善激发高校科技人才积极性的科学评价及约束、激励机制，提高高校自主创新的活力与效率，探索有组织的高校科技创新模式，重点考察储备一批基础积累深、创造能力强、创新后劲足的高校科研创新团队，定向发布重大攻关项目，探索"揭榜挂帅"和合同化管理新机制，通过科技治理现代化变革推动高校自主创新动力、质量和效能的变革。

二、增强政策驱动效能，发挥制度牵引优势

良好的制度环境是高校开展科技创新的重要保障。必须切实加强高校科技治理制度建设工作的联动性，从高校科技体制机制政策、科技治理法律法规制度、资源平台引导政策、基础创新及技术创新政策、科技人才支持政策、知识产权及技术转移政策、科技创新文化政策等方面，构建完善保障科技创新治理的制度环境，发挥政策驱动功能，增强政策透明度，扩大政策知晓度，在深化高校科技创新治理上出新

政、出实招。

其一，加强高校科技治理制度体系化建设。结合高校科技创新实际，积极促进国家政策的修订与完善，同时加快制定完善适应发展需求的高校科技治理内部政策法规，探索形成政府政策统筹引导、高校政策措施配套推进的良好制度环境。

其二，加强高校科技治理目标效能化构建。高校作为关键核心技术的主战场，要在服务国家实现关键核心技术自主可控、牢牢掌握自主创新主动权方面作出重要贡献。高校科技治理的目标，应紧紧围绕实现关键核心技术自主创新及突破来确立，善于在困境中拓展战略新机，在变局中把握创新主动，保障科技治理目标的精准化、效能化。

其三，加强高校科技治理方式的智能化应用。21 世纪以来，我国科技创新的综合创新能力从全球 25 位提升到 15 位，跨越式发展大幅增强，而科技自主创新的内涵主要包括原始性创新、集成创新和引进技术消化吸收再创新三方面，重在实现新技术基础理论的自主发展，尤其是实现从"0"到"1"的突破。同时，当前世界科技革命催生了互联网、大数据、人工智能等新技术新手段的涌现，给科技治理方式带来了颠覆性影响。高校科技治理面临更复杂的瓶颈难题和严峻挑战，应积极适应这一变化，顺应科技发展及治理模式的变革大势，推进治理方式从单向度管理向多维互联、多向互动的智能化应用转型。

其四，加强高校科技治理实践闭环化管理。相对于科技创新体系的创造性和开放性特征而言，高校科技治理系统面对的是一个错综复杂综合体，这个体系具有复杂性、不可预测性和高风险性等特征，需要进一步明确其治理体系的结构化界域，形成复杂环境下高校科技治理实践的闭环化管理，支持高校科技创新网络架构的稳健运转，为夯实高校自主创新的牵引优势提供保障。

三、促进治理机制耦合，打造创新融合集群

高校科技治理的成效，很大程度上取决于其内外部间科技治理网络相关机制的耦合效度，能否适应构建新型科技创新协同治理共同体的需求，包括治理目标方向、施控主体、关键领域、主要环节、动力生发系统等的彼此影响与耦合。

其一，高校科技治理机制与政策的互构融合。机制与政策的耦合与融合程度，是关系科技治理效能最核心的环节，应从宏观、中观、微观层面强化统筹，健全相互转化、决策支撑要素，避免机制、政策调控的脱节。

其二，高校科技创新项目与平台的优化融合。高校科技创新取得重大成效的经验之一，就在于承担国家战略需求大项目、依托科技创新大平台，释放了自主创新的巨大潜能。从治理的视角看，需要进一步增强项目与平台的适配，以项

目需求带动平台建设，同时以一大批科研平台的创新推进项目研发进展。

其三，高校科技创新学科与团队的交叉融合。当代科技发展和知识创新，日益呈现出多学科交叉、多领域交融的态势，高校基础研究及突破关键领域的"卡脖子"技术，需要切实增强传统学科与新兴学科的交叉融合，同时需要多领域、多团队的联合攻关，形成创新人才、战略领域的高度聚合协同。

其四，高校科技治理风险与预防的并置融合。针对国家科技治理、高校治理领域出现的一系列风险，要树立风险识别、风险防控意识，在推进科技创新的过程中，以有效的治理手段预防和化解高校科技领域的风险危机，形成综合处置联动，最大限度降低各种叠加风险的影响。

其五，高校科技发展问题与需求的牵引融合。研究方向的选择要坚持需求导向，从国家急迫需要和长远需求出发，真正解决实际问题。对于高校而言，要不断增强问题意识，形成前瞻性和战略性目标需求牵引，加快形成点线面结合的科技创新结构布局，在推进产学研一体化的同时，推进高科技成果转化应用。

四、探索构建战略联盟，筑牢协同治理格局

推进高校科技治理现代化是一个体系系统工程，涉及政

府、高校、社会等多方面、多层级、多跨度的治理主体，需要深入治理的各个核心环节，推动形成更加坚实、更加完善、更具活力的高校科技协同治理新格局。

目前，我国共有 3005 所高校，包括含本科院校 1272 所、高职（专科）院校 1468 所、成人高等学校 265 所。其中，本科院校作为科技创新的主体力量，根据办学层次、隶属关系、学科行业等的不同，可划分为多种类型。如"211 工程"建设高校、"985 工程建设"高校、"2011 国家协同创新中心计划"建设高校、国家"双一流"大学（学科）建设高校和其他高校；教育部所属高校、其他部委所属高校、地方所属高校；综合类、理工类、文科类、农林类、师范类、医学类、体育类、艺术类及其他行业特色类等。

在我国从高等教育大国向高等教育强国跨越转型的关键时期，高校科技创新治理作为其中不可或缺的重要支撑，需要基于本科院校不同层次、不同类型、不同区域的实际，切实加强整体与局部、层次与行业、区域与领域、外部与内部等的统筹，探索多层级多跨度的高校科技创新协同治理网络。例如，可探索构建高校科技治理战略联盟，积极应对其诸多因素的影响以及潜在的各种挑战。该联盟作为具有第三方特征的新型公益性组织，或由政府、高校和社会机构共同创建，应具有较高的信任资质，为实现高校科技治理现代化的目标而建立，在政府、高校和社会等多治理主体间发挥桥梁纽带与评估促进等功能，同时具备专业化、个性化的科学治理咨询、服务及评价能力，可针对高校科技治理的现状及问题，从机制影响、政策供给、要素集成、研发产出、风险评估、动态适调等环节，开展深度的专业分析和评价，提供相应的改进决策与建议。

当下，我国高校科技领域面临着"双一流"建设压力、破解"卡脖子"问题、提升治理效能问题以及国际科技环境持续恶化等多重挑战。作为保障高校科技创新的前提，现代化视域下的科技治理，不仅从理念机制上为高校科技创新提供基础保障，也将从政策举措上为高校科技创新提供支撑保障，还将从策源动力上为高校科技创新提供能力保障。整体上看，高校科技治理现代化是破解高校科技创新难题的重要路径，这亦是一个长期的建设积累过程。现阶段，有必要尽快启动政府、高校和社会协同治理的顶层规划与相关制度设计，切实推进高校科技治理体制改革、完善科技创新体系及制度环境、加强创新平台与团队建设、催生重大科技成果产出及转化，以科技治理效能的不断增强，提升高校促进科技自立自强、服务科技强国建设的能力。

后　记

当今世界，全球新旧动能转换加快，新一轮科技、经济与产业变革挑战加剧，日趋白热化的国际竞争很大程度上表现为国家战略科技力量、关键科技领域以及科技治理能力等方面的竞争。长期以来，我国高校作为国家科技创新体系的主力军和创新资源"储备库"，肩负着服务科技强国战略需求、支撑科技自立自强的历史重任。

在此背景下，本书以作者主持承担教育部高等学校中长期和"十四五"科技发展规划战略研究项目、科技部"十四五"国家科技创新规划重大问题研究项目和北京航空航天大学基本科研业务项目等为基础，聚焦国家科技自立自强和高校科技治理视域，重点从高校科技治理现代化促进高校自主创新能力的视角，就高校科技治理的内涵特质、体系结构、现状问题、伦理治理、评价指标、国际经验及策略路径等议题展开研究，形成了高校科技治理的基本框架、基本观点和初步成果。

本书共八章，参加各章撰写工作的人员分别为：第一章（蔡劲松）；第二章（陈文博、马琪、蔡劲松）；第三章（张路

蓬); 第四章 (张路蓬、马琪); 第五章 (和鸿鹏); 第六章 (马琪、刘建新); 第七章 (陈文博); 第八章 (蔡劲松、刘建新)。全书由蔡劲松负责统稿。

本书得以顺利出版,要特别感谢人民出版社的大力支持,尤其是责任编辑陆丽云女士的耐心细致与辛勤工作。然而,囿于作者自身能力和水平,全书难免存在疏漏和不足,恳请各位专家、学者同仁和读者朋友不吝赐教。

作 者

2022 年 9 月